全世爱Ⅲ

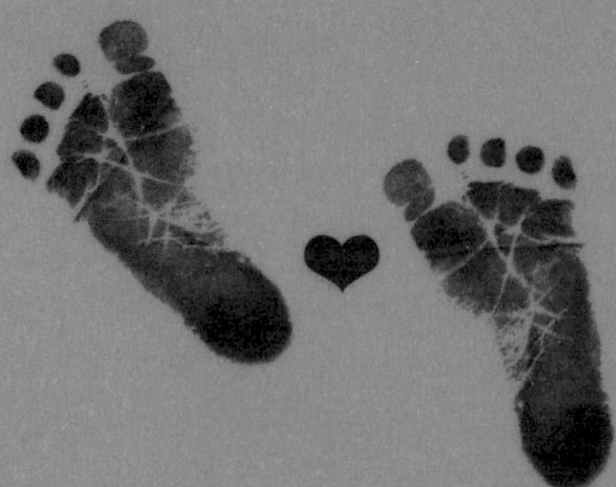

全世爱III

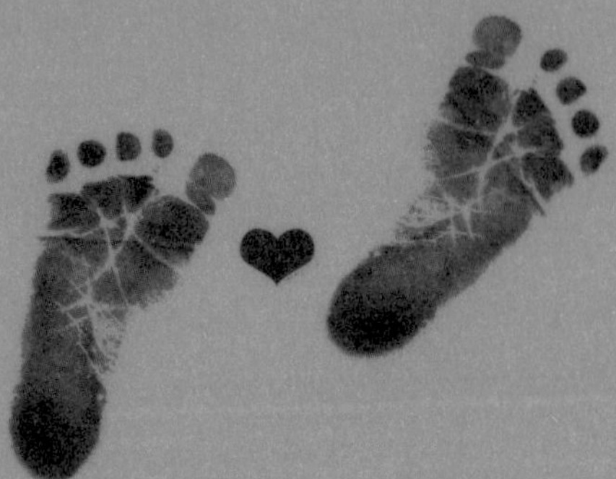

全世爱Ⅲ

家有虎崽

苏小懒 著

浙江文艺出版社

图书在版编目（CIP）数据

全世爱Ⅲ：家有虎崽 / 苏小懒著. —杭州：浙江文艺出版社，2011.6
ISBN 978-7-5339-3195-7

Ⅰ.①全… Ⅱ.①苏… Ⅲ.①长篇小说-中国-当代 Ⅳ.①I247.5

中国版本图书馆CIP数据核字（2011）第083381号

责任编辑 孙亚敏
特约监制 孟 祎 舒 以
特约编辑 任 航
装帧设计 刘晓晖
插图作者 雪 翎

全世爱Ⅲ：家有虎崽
苏小懒 著

出版 浙江文艺出版社
地址 杭州市体育场路347号 邮编 310006
网址 www.zjwycbs.cn
经销 浙江省新华书店集团有限公司
印刷 三河市延风印装厂
开本 880×1230 1/32
字数 259千字
印张 8.5
版次 2011年6月第1版 2011年6月第1次印刷
书号 ISBN 978-7-5339-3195-7
定价 25.00元

序

属于你我的“全世爱”

文/陈楚生

全世爱，是一个温暖的词，洋溢着幸福的气息。

苏小懒的《全世爱》和《全世爱Ⅱ·丝婚四年》讲述的是情侣之爱，小夫妻之爱，而《全世爱Ⅲ·家有虎崽》讲述的则是前两者爱的更升华版——父母与子女的爱，父母与子女的爱是世界上最无私，最朴实的，却又是最长久陪伴我们一生，最能给我们带来幸福感的。也许这些爱中，会夹杂很多酸甜苦辣错综复杂的小故事，但正是这些细节的情感故事组成了我们刻骨铭心的成长经历，以及真实的情感世界。同时，《全世爱Ⅲ·家有虎崽》的故事有很多与我的家乡海南有关，所以让我更有亲切感和代入感。也希望大家能在《全世爱Ⅲ·家有虎崽》里感受到属于自己的真实感受，并更懂得如何珍惜和表达这份爱。

每个人都会有自己对于“全世爱”的理解，我的理解是“珍惜”。其实在我们的真实生活中会有很多开心的和当时不那么开心的事情发生，但不管怎么样我们都要去珍惜属于自己的成长经历，当我们真正成熟或老去的时候慢慢地回忆，那就是属于自己的最圆满的“全世爱”。

对于我来说，“全世爱”就是第一次在舞台上弹吉他唱歌；用自己挣的钱给爸爸买双好看的鞋子；歌迷们送的每一份小礼物和每一份祝福；写歌弹琴到深夜也很开心，并不觉得疲倦；妈妈亲手包的粽子和煮的红鸡蛋；还有家人说：注意身体，你身体永远是第一位，实在不行了，你就回来家里，这里还有爸妈家人在……

这些都是属于我自己的“全世爱”。

也希望每一位读到这本书的朋友都可以珍惜爱的力量；珍惜身边的每一个爱自己和自己爱的人，这些都将拼凑出属于自己的“全世爱”。

谨以此书　献给亲爱的小群仔

爸爸妈妈全部的爱　永远的好时光

序

站在幸福的最光亮处

文/木木

群仔在我们意料之外也在意料之中来到这个世界上，在我们还没完全作好准备的时候。

和小懒两个人的世界，突然间横竖插进来一个小人儿，之前在父母眼中还是个孩子，处处还需要父母嘘寒问暖，现在立马转变成一个父亲，至少要照顾这个小屁孩二十年，还没好好享受二人世界，人生就此进入了另一个轮回。

就像数学里说的，三角形是一个最稳固的结构，每两条边都因为第三条边的存在而建立联系，原来的两个人，围绕“家”这个支点，可以向多角度的人生发展，现在突然多了一边，把两个人都圈了进来，现在的群仔应该算是对着锐角的那条边，需要为他遮风挡雨；慢慢地，过几年，他会变成对着直角的那条边，自己可以去应付一些事情，但还显稚嫩；再过几年，他就像对着钝角的那条边，能够去把握自己；再过若干年，我和小懒又回归了一条直线，而群仔就像冬日的蒲公英，一蹦跶，飞了出去，去寻找他的世界，去负担起他的责任。

那时，我们也老了。

对于群仔的到来，我和小懒几乎都没作好准备，种种的纠结和巧合最终还是让我们妥协地去迎接他。孕育生命的十个月里，小懒失去了很多，也承受了很多，但最终获得了更多。女人用心理上的变化去迎接身体上的变化，她们用一种天然的关爱赋予了腹中小孩一种心神的安定。

在妇产医院，我曾被感动过两回，一次是在楼道里遇见一位刚推出产房的妈妈，紧紧地搂着团在身边皱巴巴的小孩，即使护士想抱起小孩检查让她松手，她都视而不见，目光温暖而闪亮。再有一次，是遇见一个生了双胞胎的爸爸，手舞足蹈地在向医生和护士道谢，羡煞旁人，而我已泛起泪光。

群仔出生的时候，我作为家属，得以走进产房陪产，在产房中见证了分娩的痛苦和生命的诞生。初闻婴啼，所有的辛苦和痛苦似乎遗散在另外一个世界，静默无声。群仔把彩色和崭新的生命拉入你的眼帘，幸福与温暖也迫不及待地袭来，接受了一次生命对我和小懒的馈赠。

——那个早上的感动，唯有眼神的交会才能弥补语言交流的缺憾。

“二桃儿宝宝，你要健健康康地成长哦。”这是我们在群仔脚印的水晶台上留下的祝福，在我们眼里无论他是否完美，唯愿他能简单快乐健康地成长。

群仔，你要记得，你是在这一年最热闹的这个月蹦出来的，南非世界杯荷兰和乌拉圭通往决赛之夜你开始发动，还记得坐在急诊室长椅上的那几个男人，大家除了牵挂老婆肚子里的小孩之外，足球也成为那个夜晚大家提神的一杯咖啡。

一个家如果是一本书，群仔的加入，也许就是这本书的一个引子，翻开这一页，这个故事才会真正开始，他的介入，使得一切都生动起来。

从嗷嗷待哺捧到手上都担心化了的婴儿，到现在满地滚爬串溜到牙牙学语，过去的十个月诠释了生命的奇迹，走过四季，也走过成长。偶尔，在发现群仔又有了细微的小变化时，我这个大男人，也会不经意间流下眼泪，我想，那些感动，源自生活最本真的表现吧。

希望很多年很多年后的我们，纵然生活平淡如水，也能够一直站在幸福的最光亮处。

最后。

谢谢每一位一直支持小懒、喜欢我们的故事的你们，谢谢每一位正在看这本书的你们，祝福你们终将拥有你们想要的生活。

——最真诚的谢意和祝福。

目录
Contents

SO IN LOVE

木木是南方男人中典型的小男人。

小懒是北方女人中典型的大女人。

小男人和大女人在一起了。

于是，我们的战斗打响了；于是，我们的故事开始了。

CHAPTER · 01

要知道，骗自己老公，也是有技巧的，不能让他觉得你在挑战或侮辱他的智商。

螃蟹不是故意的

一切都是由螃蟹引起的。

周五那天，小懒买了八只大闸蟹，洗干净后，在锅里焖了十分钟。

很快满屋飘香。

于是坐在客厅里，和木木一起边看碟边吃。

只记得小懒吃东西快，不知不觉中，螃蟹就吃完了。

望着空荡荡的盘子，意犹未尽之际，突然听到——

木木（长叹一声）：……我……只吃了两个。

小懒：呃……

木木（呆坐在沙发上）：我只吃了两个！！！

小懒：……

木木在小懒身边转圈。

一圈。

两圈。

三圈。

四圈。

五圈。

六圈。

……

终于，小懒忍不住——

小懒：你想干吗？有话快说！

木木（魔怔般）：哼，买了八只螃蟹，我只吃了两个！！！

小懒（气短）：……

木木（戳手指，继续重复）：哼，买了八只螃蟹，我只吃了两个！！！

小懒：……

木木（戳手指，义愤填膺地）：哼，买了八只螃蟹，我只吃了两个！

小懒（爆发）：你鬼叫什么叫？以为自己有理了是吧？我告诉你，我对你已经很宽宏大量了。你要是真的爱我，你就不能全给我吃啊？你就是这样疼老婆的吗？

木木：我也疼你啊，可是……可是……

小懒（再接再厉）：哼，还说什么永远爱我！原来全都是骗人的！你们男人的话，最不可信了！

木木：……

小懒：我对你太失望了……不不不，我对我们的婚姻失望，我对我们的爱情失望。区区几只螃蟹，就试出了你的心！

木木：……

木木总结：为什么每当我觉得我特有理的时候，经过小懒一番反驳，反倒觉得所有的理，都在她那一边呢？

搞不清楚呀搞不清楚。

\(╯－╰)/

发呆。

吵架的宝贵经验❤❤❤

小区楼下新开了一家韩国烤肉店。每天生意十分兴隆，排队的客人直到店外，甚至不接受预约。好几次想去那里吃，但望着排队的长龙，只得望店兴叹，失望而归。

周末，两人睡过了头，醒来已经是下午2点。洗漱完毕决定去外面吃。路过这家店时，发现居然没什么人。当下两人默契对视，心领神会携手走进烤肉店。

牛排。五花肉。牛筋。鱿鱼。鸡脆骨。金枪鱼。鸡翅。凉面。

肚子里的馋虫几乎都要从嘴巴跳出来。

本以为可以大吃特吃的。

结果，就在服务员把所有菜都端上来，逐个放到烤盘里烤的时候……

出现了转机……

——木木和小懒同学，针对当天早上的新闻进行讨论，两人的观点出现了严重分歧。

于是。

意外发生了。

在网上，当大家的观点不一致，出现严重分歧、谁也说服不了谁的时候，就会由讨论上升到吵架，而怒火攻心、吵架吵到“最高水平”的时候，一般会按照以下流程发展：

鄙视对方的逻辑

↓

攻击对方的人品

↓

侮辱对方的智商

↓

……

↓

问候全家

↓

……

呃，若吵架双方并非在网上，而是现实生活中就彼此认识，很有可能会直接动武解决问题。

如果是朋友、恋人甚至是夫妻关系，严重的还包括绝交啊、分手啊、离家出走离婚什么的……

会这么严重么？会的，每年离婚率那么高，你以为是发生了什么大事才造成的么？一组数据显示，绝大多数夫妻离婚都是因为芝麻大的小事造成的。

好吧，话题扯得太远了……

咳咳，话说回来，小懒和木木可是思想成熟的、感情稳定滴大人，俺们才没那么幼稚和低级呢！

俺们基本上进行到第三项的时候！！！

其中就会有一个人……

主要是小懒，会选择愤而离席！！！

于是就上演了女的跑男的追的局面……

这个，换做一般情况下，也没什么大不了，没见过吵架的啊？吵架嘛，恋人夫妻啥的，一会儿吵一会儿和……

经常吵架的情侣，才有真感情。有句俗语怎么说的来着？“乌云过后阳光更欢，不和之后爱情愈甜。”

但问题出在，如果是在家里，如果是在大街上，如果是在公园……也没什么。

如果在饭店，两人吃完了，一边意犹未尽地回味美味，一边兴致勃勃地吵架，也没什么。

错就错在……

吵架吵到最猛、双方都非常激烈非常投入的时候，正值所有的肉、菜之类，刚刚烤好。

但是！！！

当时实在是太生气了，实在是太愤怒了，再好的美食，也抵挡不了小懒愤而离席的冲动和决心！

于是在那家烤肉店就上演了这样一幕：

一个女生疯狂冲出饭店大门，一个男生正要追，被服务员拉着买单……男生回头看看即将到口的满桌美味，强忍住口水，含泪买了单，含泪舍弃了美味，含泪朝着女生奔跑的方向追了过去！

……

晚上。

木木和小懒吃着红烧排骨和牛肉番茄。两人一边吃，一边对今天进行总结。

木木：小懒，以后别老乱跑了，有话好好说，胡乱跑什么跑？累死我了都。

小懒：……都怪你说话那么严重，当时实在不想看到你。

木木：你说得也不轻啊，吵架的时候，谁都控制不住自己，什么难听说什么，什么能戳对方的心说什么。可彼此都知道，那是气话啊，当不得真的。

小懒：哼！

木木：你对今天的吵架，有什么总结的吗？

小懒：有啊，我前一阵看连岳的文字，他说二十多年前，捷克人哈维尔等写了简单的《对话守则》，在布拉格四处张贴，内容是：1.对话的目的是寻求真理，不是为了斗争。2.不作人身攻击。3.保持主题。4.辩论时要用证据。5.不要坚持错误不改。6.要分清对话与只准自己讲话的区别。7.对话要有记录。8.尽量理解对方。我觉得挺适用咱们的吵架准则的，以后咱们也要这么做。

木木：……嗯嗯，还有吗?

小懒：还有？（思索下）没有了，我觉得这个概括得很详细了。

木木：那，咳咳，我可以提一个建议么?

小懒：什么建议?

木木：如果下次再吵架，你能不能提高点吵架水平？最好做到提神静心、攻守兼备，不带这么没出息地一个人跑的。有话，咱慢慢吵。

小懒：……我就跑，要你管!

木木：那你能不能吃完再跑啊？两百多块钱，一口没尝到，犯得着在这儿吃方便面么（红烧排骨和牛肉番茄味的）?

小懒：……

木木心得：以后不论生多大的气，打算吵多大的架，都必须吃完再和小懒吵，否则到嘴的鸭子会飞走。

理由多多

路过一家美容美发店，架不住店员忽悠，小懒鬼使神差地走进去，让据说是“店长”的人，用三个半小时的时间设计了一个全新的造型，又是洗剪吹，又是烫染焗，迷迷糊糊也刷了卡，直到回家，看到银行发来的银联卡消费提醒，有点晃眼的金额，再看下时间，木木已经在下班回家的路上……这才觉得，貌似，咳咳，做上帝做得有点找不着北了。

虽然这新造型还不错。

可是……

可是如果木木知道小懒花了这么多钱的话，要怎么说呢?

——心情很好，所以超出预算了——貌似有些牵强。

——我花我的钱，要你管！——如果将来他也做了类似的事情，就会这样以牙还牙。到时候我有什么颜面管他？

——朋友请我做的头发——好像木木没这么傻，才不会相信我的鬼话。

不能像藏新买的衣服那样，偷偷把批量购买的新衣服藏起来，每隔几天或者几个月拿出来穿一件，逐渐逐渐让木木接受。

——小懒总不能把新做的发型分成几部分，一天露出一点头发，让木木慢慢接受呀！

总不能像让木木接受我买新衣服时那样编造借口，“不，这不是我新买的衣服，这是前年买的旧衣服。”

——小懒总不能对木木说“我这个发型是前年做的”……

要知道，骗自己老公，也是有技巧的，不能让他觉得你在挑战或侮辱他的智商。

——否则，影响感情。

（你花多了钱，超出日常正常预算，才更影响感情吧……）

发愁。

一个人呆坐在沙发上，时间一点一滴地流逝，心情越来越慌乱。

继续坐下去，忽然觉得自己悲哀又可怜，为什么多花了一些钱，做个头发，心情会是这样的沉重而焦虑？

这样下去，人生还有什么意义！

（你又想太多了吧……）

一不做二不休！！！

索性打开衣橱，分别拿出一个月前、两个月前、三个月前购买的但一直没舍得，主要是没敢拿出来的新衣服，逐个试穿，在镜子前，反复臭美，各种得瑟！

不知不觉中……突然听到门锁转动的声音。

还没来得及想好说辞，下了班回到家的木木背着双肩包出现在小懒面前，在小懒呆若木鸡之际，他的表情也没好到哪里去。

两人就这样，默默无语地对望着。

良久。

木木：你在做什么？

小懒：呃，那个，呃，我在……呃，如果我说，我在寻找人生……的意义，你相信么？

木木（疑惑地）：……人生的意义？

小懒：是……的。

木木（意外地）：那么，你找到了吗？

小懒：应该貌似差不多或许找到了吧。

木木（少转移重点）：哦，那我问下，你的新发型花了多少钱？

小懒：……

木木：床上的这么多新衣服，花了多少钱？

小懒：……

木木：什么时候买的衣服？

小懒：……

木木：什么时候做的头发？

小懒：……

木木：你倒是说话呀！

小懒（酒壮怂人胆，新衣服壮小懒胆）：人家说，一对恋人选择在一起，是因为能够让彼此更快乐。我拜托你！能不能不要在这么高兴的时刻提这么不开心的事！你不觉得，这是对我们感情的伤害，这是对我们爱情的侮辱吗？

木木：……

你的包，突然散发出钻石般的光芒

其实小懒不是个物质主义者。

比如手机，用的还是几年前买的老手机，掉色不说还一身斑驳。可没办法啊，它一直不坏，能接打电话能发短信，实在找不到换它的理由。

比如笔记本，也是几年前买的，虽然经常黑屏和死机，散热又不好，可是word写作和听音乐啊、上网啊，都没问题，所以也一直没换。

但唯独对衣服鞋子和包包，有点控制不住。理由很强大——不同的衣服要配不同的鞋子和包包啊。总不能说接不同人的电话写不同题材的小说要用不同的手机和电脑吧。

木木对此表示很担忧。

一天出门。

木木：哎，小懒，你今天怎么背这个包了？好像很久之前的，有点旧啊。

小懒：你这么一说，好像确实挺旧的。行吧，那我明天就去逛街买一个。

木木：……

小懒：去哪家商场好呢，还是去网购？我想想。

木木：呃……也没必要买新的嘛，你不是还有别的包吗？换个吧。

小懒：别的我都不喜欢了。

木木：或许你慢慢背几天，发现自己会喜欢的。

小懒：不可能的，比如我本来不喜欢一个人，结果同他出去玩几天，我就能喜欢上他？简直就是谬论嘛。

木木：……好吧！那个，啊，小懒，（作激情朗诵状）我突然发现你这个包散发着钻石般的光芒，真好看啊。世间只此一个，绝无仅有。你来看，配你今天穿的这套衣服，简直没的说啊，百搭啊……

小懒：……

木木（唱起来）：钻石~~钻石~~亮~晶晶！！！好像那~天上~闪烁滴~星！（看过湖南卫视《天天向上》的童靴们应该知道怎么唱哈……）

小懒：……

意外发生了……

很久以前，当小懒有着一份朝九晚五的工作时，小懒所在的公司出台了一个《公司管理规定》，其中一条是这样说的：

“员工怀孕必须提前一年打报告，才可生产。否则将视为自动辞职，转而从事专门生产的活动。”

你没有看错，那条变态的规定就是这么说的。

可是同事们陆续顶风作案，谁都没有打过报告。

——自动辞职不辞职，丢了工作与否，倒无所谓。

——大家都害怕打了报告以后，接连几年都不见动静。

——众目睽睽之下，就这样被戴上……“不育不孕”的帽子。

不过，话说回来，那时的小懒和木木还未把要宝宝的事情提上日程。

首先，当然是希望有良好的经济基础。

二则，担心因此丢掉工作。你知道的，劳动法虽然可以保护你，但真要把你的老板告上法庭，是永不可能有好果子吃的。现在想来，去TM的工作吧，健康生活和宝宝才是第一位！由此可知，那时候有多幼稚。

此外，小懒并没有作好当妈妈的准备，抚育宝宝长大成人，身心健康同时，能畅通无阻地进行自由表达，人格健全，精神独立，以身作则……实在是任重道远之最。

可是没有想到，就是在那样的情形下，小懒同木木，在五年多的婚姻生活后，迎来了新生命。

但，一开始，并不是喜悦的。

因为……

要怎么说呢?

完全是意外，意外，意外……

所以在并不知道自己怀孕了的情况下，小懒同朋友小聚喝了些小酒，体检拍了CT，要减肥还一直节食，因为腰椎不好做了电磁疗，且正值品蟹最佳时节，吃了很多大闸蟹……

而这些，都有可能对肚子里的胎儿造成各种不良影响。

尤其是大闸蟹，据说螃蟹性寒，有活血祛淤之功，又据说很多商家都给螃蟹灌了避孕药催肥，孕妇吃了容易造成胎儿畸形……

各种恐怖。

——唉，宝宝，妈妈对不起你。

开始在北京各大医院妇产科辗转奔波。301武警总医院，北大妇幼，北京妇产医院……每次去，同一家医院，选择二至三个专家看，不停抽血，动辄两管血抽出去，却被绝大多数的医生给出模棱两可的答案，除叮嘱过两周再来复查、再抽血外……并没有任何人能给出肯定答案：“孩子没有问题的，放心地养胎吧。”

——那时所要的，不过是这样一个明确的答案。

可是谁都不敢开这个口。

生命是那么神圣，除了等待，似乎没有别的选择。

永远不会忘记在北京妇产医院，三层特需诊室外，拿到抽血结果，其中一组数值偏低，医生只是简单地解释说“回家等着吧，数值偏低，有可能是胎儿先天发育不良，会自动流产的”……

小懒坐在医院走廊的凳子上，看着抽血结果默默掉眼泪。

从来没有任何时候，如此刻这般叫人绝望。

木木站了一会儿，用手臂环住小懒，两人很久都没有说话。

作了一番思想斗争，决定去堕胎。

生命固然神圣，可如果有一定的比率导致胎儿有可能畸形，依然选择让其出生，更是对生命的不尊重和不负责。

同医生定好了手术时间，没想到的是，最终是木木的朋友介绍了这家医院的一个医生，对方拿出笔在纸上算来算去，拿着诊单一张张核对，末了，她说：

“宝宝不会有问题的，安心养胎吧。”

她说：“你最顾忌的，应该是CT和做电磁疗，但那时宝宝还很小很小，还没有从母体吸收营养。数值这么低，很有可能是你怀孕的时间太短。我敢保证，这个孩子，不会有问题。”

小懒和木木相拥而泣。

木木说：“小懒，不管这个医生说得对与错，我们留下他，我们不折腾了，他是我们的宝宝，我相信他会没事，他会健康成长。”

接着是小懒的爸爸打来电话，爸爸说：“小懒，孩子来了，是你和他的缘分，不要赶他走。”

那么，宝宝，妈妈和爸爸不会赶你走。

我们。

等你来。

我们怀着一颗无比虔诚的心。

等你来。

宝宝。

不知道将来有多少故事，可以在以后的岁月中，慢慢讲给你听。

我想这一切是注定，如果真的是这样，那么，欢迎你留下来。

以后的故事，只说给你听。

平静 幸福 等待

既然是一位准妈妈了。

就要有准妈妈的样子。

虽然并没有隆起小肚子，小懒还是夸张地把肚子往前挺了挺，一边在客厅里巡视，一边摆出一种大腹便便的姿态。眼睛瞥过电视，里面正在报道青少年疯狂追星的节目，有的偷爸爸妈妈的钱去听音乐会，有的为了参加偶像的签售会整晚不睡提前一天去排队，有的见到偶像后双手握拳激动不已，有的为了偶像抛弃学业成绩下滑不吃不喝疯狂迷恋……

虽然小懒也有过偶像崇拜。

但……貌似不太会有什么偶像能让自己做出以上种种疯狂的举动。

小懒（忧心忡忡）：木木，如果我们的宝宝，嗯，我是说如果，也这样疯狂追星，我们到时候要怎么办呢？

木木：我们的宝宝，哪里会这么浅薄无知？

小懒：这和浅薄无知没有关系，谁没曾经年轻过呀，谁曾经没有过梦想啊？要知道，年少时代的偶像，是彼时的信仰，每个人都会有的。

木木（不以为意）：好吧，如果真的这样，我就揪着宝宝的耳朵往外拖，说——走，回家找你妈签去！

小懒：……

二桃儿，欢迎你来

关于宝宝的名字，小名暂定为二桃儿。

是很奇怪的名字么？还好吧，至少这些天，小懒和木木叫得亲切至极。

名字来源于《冰河世纪3》，曼尼象和妻子生孩子的暗号是“桃子”，至今想起其中的剧情都会大笑不止。

因为木木很喜欢吃桃子，同时，木木说，为了让自己可以说好普通话“二”，而不是“饿”，我们的宝宝，就叫“二桃儿”。

……希望宝宝出生后，木木已经学会了说出正宗的“二”的音。

（二桃儿：懒娘，木爹，你们这样给我取名字，是不是有点太随便了？）

（小懒&木木：没关系，不是还有大名吗！再抗议，大名我们也随便起了啊……）

（二桃儿：……）

木木，你要应聘全职保姆么❤❤❤

之前对宝宝，并没有什么太具体的概念。因为更多时候，觉得自己还没有脱离“孩子”这个几乎代表稚气和童真的标签，骨子里总有些拒绝长大。

这样说可能会夸张，但是在妇产医院找一位朋友时，刚好碰到几位刚刚生完宝宝的产妇被推出产房，伴随着新生儿的啼哭声，小懒的眼泪居然会流出来。

生命的伟大，新生的美好，让当时身处那样一个特殊的环境的小懒，无法抑制。

知道自己怀孕后的很多天，小懒都没有把自己同孕妇这个身份联系起来，像正常人一样去上班、吃饭……

倒是木木，像是一夜之间突然长大了一般，开始承担起更多的责任，小懒的饮食起居，他格外关心起来。周末在家，家务、买菜、做饭，甚至是洗水果都不肯让小懒去做。

小懒：木木，如果将来你失业了，可以去找一份全职保姆的工作，我觉得你完全可以胜任。

木木：可是我很贵啊，他们请不起的。

小懒：很贵？你是有多贵？太嚣张了吧，中国别的不多，有钱人多啊，何愁请不起？

木木：但是他们去哪里找我这样的小黑脸？我有文化，素质高，反应快，服务广，又懂英语，有责任心，能力强，态度好，又稳重，还做得一手好菜！！！

小懒：所以呢……

木木：所以，怎么着，也得按菲佣的价格算吧？

小懒：……

威胁！！！❤❤❤

小懒的同事，一个腹黑男，S，突然走过来，坏笑着，非常嚣张地往小懒旁边一坐。

各种颐指气使。

一会儿命令小懒做东，一会儿命令小懒做西。

实在是太嚣张了！！！

在小懒也底气十足地拒绝之后。

他又说："不然，你请我吃饭！"

小懒：凭什么……

S（奸笑）：你要是拒绝我，我就……我就……我就骂街！！！我就说脏话！我就撒泼！我就把世界上所有难听的话，当着你的面，全部骂出来！

小懒：哼，你骂你的街，我会怕你啊？

S（指指小懒微微隆起的肚子）：我骂街，可是给你家孩子作胎教啊，你确定，你没问题么……

小懒：……

S：再不表态，我可行动了啊……回头你家孩子生出来，张嘴就会骂人，你可别怪我没跟你打招呼。

小懒（顿时软了下来）：算你狠！想吃什么？您随便点……

小懒总结：小二桃儿啊，你看你看，你还没出生，已经有人拿你威胁妈妈了……

把门关紧。

还特意从猫眼里看下有没有可疑的人。

确认无误后，小懒冲着木木使了个眼色，木木心领神会，当下把家里的卡，全都拿出来，摊在桌子上。

小懒拿着上午出去查每张卡里余额时用笔记下来的小纸片，木木摆弄着计算器，两人鬼鬼祟祟地算……

算算在一起这么久后，家里到底有多少财产。

……是不是太没出息鸟？

之所以要去ATM机一张张卡查询余额，是因为木木和小懒都算是比较稀里糊涂的人，永远搞不清楚自己手里到底有多少钱。

反反复复加了三遍。木木舒了一口气：貌似我们的钱，可以买一辆汽车了。

当然远远不够买宝马啊奔驰啊凯迪拉克……的钱。汽车嘛，不过是代步工具，实用就可以啦。

重点是，可以买到一款木木喜欢的比较实用的车型。能给木木买一辆车，一直是小懒的愿望。而且，为了迎接宝宝的出生，为了出入方便，总是要买的。

于是两人去买车。

带着目标而来，效率非常高。同销售人员进行了沟通，再经过一系列比较，划卡交钱。接着去车库取车。

但，问题来了：虽然木木有驾照，但还是几年前学的，几年没有碰过车的他，基本上忘光光了。于是汽车销售人员带着木木同学围着空旷的路一遍遍开，反复教他适应新车的使用要领。

一个小时后。木木说：“没问题了，我们开车回家吧。”

……可是，木木，你确定你没问题么？

路上。

小懒连大气都不敢出，怕一张嘴分散正在开车的木木的精力。但每每看他一副气定神闲的样子，又有些放心，或许只是自己过于忧虑吧，没准儿人家的车技已经练得可以了。

就这样从西四环开到了东南四环……

小懒带着一颗跳上跳下的心，在木木一直很镇定很镇定很镇定的状态中，终于平安到家。

木木：终于到家了！！！总算不紧张了。

小懒：啊……你不是一直很镇定的样子吗？

木木：哪里啊？我手心一直冒汗。

小懒：看不出来啊。

木木：我那是内心惊雷表面平如水！一般大将之才，才会这样厉害的。你呀，小姑娘，还是沉不住气。

小懒：……

都是坏学生的错

周一至周五，木木晚上回来得都比较晚，所以晚饭都是小懒做。

怀孕后的小懒，虽然不像别的孕妇吐得稀里哗啦，脾气暴躁，但在下厨以及味觉方面，都有些变化。

比如非常想吃红烧鸡翅。下了班直奔菜市场，到家换下衣服就钻进了厨房。洗干净，横着切斜刀口，抹上李锦记的豆豉香辣酱，倒生抽，撒盐，扔进姜和葱块……半个小时后，红烧鸡翅的香味弥漫整个房间。

可是等端出厨房，摆在餐桌上。

却一点胃口都没有了。

又比如，坐电梯会严重头晕。

打车会吐。

闻不得鱼腥味。

……

到了后期，厨艺水平突然迅速下降。弄出来的东西，味道都怪怪的……

这天晚上木木回到家，吃着小懒做的饭，突然放下筷子。

木木（为难地）：呃，小懒啊……

小懒：有什么问题吗？

木木：呃，你会不会把糖，当成盐，使了呢……

小懒：有吗？不会吧，家里的糖我都不知道放哪里……

木木：好吧……

改天木木做饭。

不知怎的，居然也水平直降，味道十分诡异，难吃得很。

木木：我的厨艺下降，都怪你。

小懒：跟我有什么关系？

木木：你传染的啊。

小懒：这怎么传染？胡说八道。

木木：你不知道吗？上学的时候，学习好的学生和学习差的学生在一起，学习成绩就会下降。

小懒：……

木木：同理，厨艺好的人和厨艺差的人在一起，厨艺水平就会下降……

小懒：……

办个奥运会❤❤❤

自从怀孕后，小懒就开始为小二桃儿的出生作准备。

买了各种各样小婴儿用的东西，衣服、鞋子、纸尿裤、奶嘴、婴儿车、婴儿床……

用得着的、用不着的，传统的、高科技的……家里几乎没有地方放任何东西了。

木木在家里不停劝慰小懒——

木木：小懒啊，只是生个小宝宝而已，你不要搞得这么紧张。很多东西可能现在买了，根本用不上的。

小懒：不行啊，万一到时候要用却没有怎么办？买多了总比没有强。

木木：其实，现在购物这么方便，就算是小二桃儿出生后，再买也来得及的。

小懒：我也知道，但是我忍不住。如果不能给小二桃儿提供最好的物质保证，我总觉得难受。你就让我买吧，就算是缓解产前抑郁症了。

木木（为难地）：呃，好吧。但你天天欢实的样子，哪里像得产前抑郁症的，你就是狡辩。

到了公司，木木跟同事聊天。

木木：唉，我老婆买东西，都快买疯了……

木木同事：都买了什么呀？

木木（娓娓道来）：光奶瓶就买了八个，大的小的玻璃的塑料的粗的细的……围嘴买了六个……学坐靠垫买了两个……婴儿车买了两辆，说什么如果一辆脏了，就换着坐，洗下单子就行了呀……哦，还有……现在我们家里，搞得跟要办奥运会似的。

木木同事：你咋能这么说你老婆呢，太过分了！

木木：啊，你觉得买得少啊？不是吧？

木木同事：没有，我不是那个意思。我的意思是你老婆何止是要办奥运会啊，简直是奥运会加世博啊。

木木：……

为什么会觉得有些落寞呢♥♥♥

木木最近很忙，基本上没有什么时间照顾小懒。

小懒一个人下班，一个人买菜、做饭。通常是他到家，小懒已经睡着。

电话打过去，不是在忙，就是在开会。

可是什么叫苦中作乐呢？

那天小懒摸着肚子，对小二桃儿说：“小二桃儿，你不要以为你生在一个单亲家庭里哦，爸爸只是很忙而已。”

——我们真的，不是单亲家庭……

你一定要相信。

呃。

小二桃儿会不会压力很大♥♥♥

在博客里公布了小懒怀孕的事情后。

收到了很多读者和网友的留言，大家给了小二桃儿最美好的祝福。

小懒（焦虑地）：木木，我睡不着。

木木：怎么了？

小懒：好多读者给我博客留言，他们送了很多祝福给小二桃儿。

木木：挺好的呀。

小懒：可是可是，那么多的祝福，你说，小二桃儿会不会压力很大？

木木（语塞）：呃……

小懒：唉，一想到小二桃儿在我肚子里压力很大的样子，我就睡不着。

木木（沉思）：嗯，听我讲，小懒，小二桃儿不会有压力的。

小懒：为什么？

木木：因为，小二桃儿还小，不知道什么是压力。

小懒：……

很穷很穷很穷的人

有很多东西，我们平时可以吃，怀孕之后，为了肚子里的宝宝着想，就不能吃了。

尤其是一些垃圾食品，虽然非常好吃……但是真的对宝宝不利。里面很有可能有导致胎儿畸形的色素、食品添加剂之类的东西。

小懒比较喜欢吃，但被木木明令禁止的，有方便面、可乐和奶茶。

两个人出去吃饭时，或者逛超市时，他是绝对禁止小懒接触这些东西的，不仅如此，他还每天同小懒讲不能吃这些东西的道理，防止小懒掉以轻心，管不住自己的嘴，偷偷吃。

其实平时小懒倒也还好，但就是受不了广告刺激。

你们知道的，方便面的广告，是非常诱人的，硕大的肉块，被方便面美味深深吸引的靓男靓女……每每这时，小懒肚子里的馋虫就爬出来了。

小懒苦苦哀求木木给自己买一包方便面吃，遭到了木木的无情拒绝后，木木为了安抚小懒，决定陪小懒去外面散步。

天还未全黑，小区里有很多人闲坐在广场附近聊天。

木木：小懒，等你把宝宝健健康康地生下来，我请你喝可乐！

小懒：哼！

木木：等你把宝宝健健康康地生下来，我请你吃各种口味的方便面！

小懒（掉过头）：哼！

木木：等你把宝宝健健康康地生下来，我请你喝各种口味的奶茶！

小懒：哼！！！哼哼哼！

在一旁有一个大概七八岁的小朋友，她一直非常认真地在木木和小懒旁边玩耍，一边时不时看上木木和小懒几眼。

这时，她突然往前凑了几步。

小朋友：叔叔，你家里很穷吗，为什么连方便面都舍不得给阿姨吃呢？如果你真的很穷，阿姨都嫁给你了，你就要对阿姨好啊，她不嫌弃你穷，你不要小气得连方便面、可乐和奶茶都不给阿姨吃。不然阿姨会难过的。

木木（你管得还真宽啊，不会电视剧看多了吧）：……

小懒（热泪盈眶，频频点头，这个小朋友好贴心！）：你说得对！

木木：事情不是这个样子的……

小朋友（打断）：叔叔，我看电视里说，男人就要让自己的老婆幸福，你不觉得这样做，会让阿姨很痛苦吗？万一阿姨跟你离婚，你后悔都来不及了。

木木（电视剧果然看多了）：……

螃蟹不是故意的

一切都是由螃蟹引起的。
那天小懒和木木一起看碟片吃螃蟹。
只记得小懒吃东西快，
不知不觉螃蟹就吃完了。
……
望着空荡荡的盘子，意犹未尽之际，突然听到——
……我，
只吃了两个。
呃……
我只吃了两个！！！

你想干吗？
有话快说！
哼，买了八只螃蟹，
我只吃了两个！！！
……
哼，买了八只螃蟹，
我只吃了两个！！！
哼，买了八只螃蟹，我
只吃了两个！
你鬼叫什么叫？以为自己有理了是吧。我告诉你，我对你已经很宽宏大量了。
你要是真的爱我，你就不能全给我吃啊？
你就是这样疼老婆的吗？哼，还说什么永远爱我！原来全都是骗人的！你们男人的话，最不可信了！
……
我对你太失望了……不不不，我对我们的婚姻失望，我对我们的爱情失望。
区区几只螃蟹，就检测出了你的心！
为什么每当我觉得我特有理的时候，经过小懒一番反驳，反倒觉得所有的理，都在她那一边呢？

七盐你都不知道吗？他是我国最伟大的爱国诗人啊，他一生忧国忧民，不屈服恶势力。

胎教进行时：我挺迷糊的

晚上木木下班回到家，小懒大力灌输医生给出的爸爸也要多参与胎教的建议，因为胎儿对男性的声音更为敏感等内容。

木木非常自责，决心不论多晚也要每天晚上给二桃儿进行胎教。

于是，木木靠在床头，一边摸小懒的肚子，一边温柔地讲话。

木木（有些困）：二桃儿啊，爸爸给你讲知识，咱们学文化吧。你知道吗，爸爸今天上网，看到资料里说，科学家们在月球上发现了液态水，但这到底是不是真的呢？（挠头）我挺迷糊的，等你出生以后，你自己研究去吧……

小懒：……

木木（冥思苦想）：对了，二桃儿，你知道生命的起源吗？最开始啊，是来自大海，先是单细胞生物，接着多细胞生物，然后多细胞生物不知道怎么着就变成了脊椎动物……后来我也挺迷糊的，记得不太清，（揉眼睛）你要想知道清楚，等你出来自己研究……

小懒：……

木木（继续一本正经地胎教）：你知道吗，二桃儿，耳朵是人的听觉器官，可是为什么我们能听到声音呢？比如现在的你，为什么能听到爸爸的声音？告诉你吧，声音传入耳内有两条路径的，一个是空气传导，一个是骨传导……但最后到底怎么让耳朵感受到的呢？爸爸记不清楚了，要想知道清楚，等你出来自己研究……

小懒：……

良久，小懒发现突然没了声音，转过头，发现木木已经睡着。

虽然没见过给孩子胎教却把自己哄着的爸爸，但想必他已经累极，小懒拿过被子给木木盖上。

关灯，睡觉。

黑暗中，小懒默默讲给肚子里的二桃儿听——

“喂，小二桃儿，你要真的想知道爸爸给你讲的东西，要健健康康地出来，和爸爸一起学习哦。”

小朋友要听话

木木加班时间越来越长，回到家，累得几乎不想说话。可是小懒依然坚持要他给二桃儿进行胎教。

这天吃过晚饭。

小懒：给二桃儿讲个故事或者说说话吧。

木木：二桃儿，我告诉你哦，小朋友睡觉，不许太晚。好了，现在已经10点多了，听爸爸话，快点睡。

小懒：……

隔天晚上。

小懒：木木，跟二桃儿说句话吧，别像昨天似的，什么小朋友要早点睡，他就是想听到爸爸的声音啊。

木木（打个哈欠，敷衍地点头）：哦，二桃儿，爸爸先睡了。就这样，散会！

小懒：……

又隔天晚上。

小懒：木木，给二桃儿进行下胎教吧，唱歌或者讲点科学知识神马的。

木木看看小懒，叹口气。

小懒：你又不想讲吗？

木木（摇头）：不是不是，你说，为了孩子的事情，我肯定是赴汤蹈火，做什么都行啊。可是，我觉得，我们应该充分尊重宝宝的意见吧？

小懒：尊重宝宝的意见？

木木（频频点头）：对啊对啊，（突然变成清稚童声，模仿婴幼儿说话）爸爸，我是二桃儿，我正在妈妈的肚子里跟你讲话呢，今天二桃儿困了累了，不想听故事……爸爸，拜托你跟妈妈说下，就让我安安静静睡觉吧。

小懒：……

木木（恢复正常声音）：既然二桃儿这么要求，那么，爸爸同意了，你去睡吧，爸爸和你一起睡……

小懒：……

又又隔天晚上。

小懒（决心以牙还牙，模仿婴幼儿说话）：爸爸，我是二桃儿，宝宝想听你讲故事。（恢复正常声音）木木啊，既然是二桃儿要求，你就讲一个吧。

木木（模仿婴幼儿说话）：妈妈，我是二桃儿，今天我累了……不想听故事，我要睡觉了。麻烦爸爸明天再给我讲故事吧。（恢复正常声音）小懒，你看，既然是二桃儿累了，不想听故事，那我这当爸爸的，肯定不能强迫孩子听啊。好吧，二桃儿，就听你的，你先睡吧，爸爸跟你一起睡……咱们明天再讲。

小懒：……二桃儿，你要相信娘，为娘真的尽力了啊。

又又又隔天晚上。

小懒：木木，给二桃儿讲个故事吧。

木木懒懒地躺在床上，半闭着眼。

木木：二桃儿，爸爸困了，先睡了。（模仿奶声奶气的童声）爸爸，我是二桃儿，你好好睡吧，二桃儿要体谅爸爸，爸爸辛苦了，我会乖乖，自已学习，自已吃饭，自已娱乐……爸爸，你放心吧。

小懒：……

木木（恢复本人声音，还频频点头）：嗯嗯，二桃儿真是乖小孩啊，这么小就知道心疼爹了。那爹爹现在去睡了。

关灯。睡觉。

小懒（目瞪口呆）：……

又又又又隔天晚上。

小懒：木木，给二桃儿讲个故事吧。

木木看了小懒一眼，欲言又止。

小懒：不要这样，你这样我会很难过，你都当父亲了，不能老是投机取巧不给宝宝作胎教，不然将来孩子都不认你做爸爸的。

木木：好了好了，我知道了。小二桃儿啊，一加一等于几啊？

小懒：呃……

木木：什么，你不知道？好，没关系，爸爸告诉你，一加一啊，等于二。记住了吗？

小懒：……

木木：那么，二加二等于几呢？

小懒：……

木木：二加二啊，等于四。

小懒：……你接下来要说，四加四等于几吗？

木木：切，才不是。

小懒：我绝对不允许你这么糊弄小二桃儿。

木木：才不会。小二桃儿，刚才爸爸教你的，你都会了吗？

妈妈肚子里的小二桃儿：……

木木（作倾听状）：什么？你记住了，但是需要消化一个晚上？那行，你慢慢消化吧，如果明天晚上还没消化完，爸爸就等你继续消化。如果你消化完了，爸爸就给你讲新知识。好了，今天的胎教就到这里了！时间不早了，快睡吧。

小懒：……

热心的读者

有个读者看到木木整日里为发不出“er”的音而烦恼，每天只会说“饿”，不会说“二”，通过种种方式，联系到小懒。

读者：小懒姐，木木发不出“er”的音，只会发出“e”的音，会不会是因为他的舌头下面有个东西，是叫筋么，被那个筋拉着，于是发不出来？

小懒：呃？有这种说法么？

读者：我小时候也发不出“er”的音，于是爸爸妈妈就带我去医院把舌头下的那个东西剪了，于是我就OK了。

小懒：……

木木（好紧张）：……

读者：小懒姐，不会痛的，会打麻药。你可以带木木去医院，把舌头下边的东西割一下，就行了。

小懒（看着一旁木木惨白的脸）：呃，谢谢，没关系，我不嫌弃他。

木木（如释重负）：……

关于八卦的问题❤❤❤

一项研究表示，普通女性保守秘密的时间不超过四十七个小时。研究人员发现，女性一旦听到什么八卦新闻，就难以克制与别人分享的欲望。心理学家指出，只要八卦得适当、不过火，对女人的心理健康有好处。

——摘自《读者》原创版

美剧《生活大爆炸》中说，进化生物学家罗宾·邓巴把八卦定义为一种有助于在大群体内维系感情的手段。在这种工作节奏这么快、生活压力这么大的境况下，所谓八卦，独乐乐不如众乐乐，因为保守八卦的秘密是痛苦的，是寂寞的，更是无耻的。所以从这个角度来说，大家聚在一起交流各种八卦，也是社交手段的一种。

小懒每天都会从各种渠道听来各种匪夷所思的八卦，有图有真相，令人发指。

而文化圈神马的，最混乱不过了。

小懒的朋友们，听说有八卦，就像闻到鱼腥味的猫。大家会迅速聚集在一起乐此不疲地津津有味地讨论、传播着……

你知道张三吗？就是某本书的作者，原来他……

还有著名作家某某竟然……

畅销书作家某某，天啊……他居然！！！

啊……真是出乎意料之外啊！太龌龊了吧！想不到啊想不到！

……

小懒的这个癖好，某一天，被木木知道了。

木木：小懒，我今天知道了一个超级大八卦！

小懒（跟打了强心针似的）：啊，快点告诉我，我心情正不好呢，讲个八卦转移下我的注意力。

木木（吊人胃口）：但是我不想告诉你！

小懒（没有八卦不能活）：……这样吧，我给你捶背行吗？

木木（边享受捶背边点头）：还不够。

小懒：我给你揉腿。

木木（边享受揉腿边点头）：还不够。

小懒：我给你倒杯水，洗个苹果，帮你打开电脑把游戏打开，把你喜欢的杂志全都拿过来……

木木：还不够，还不够，还不够……

——人心不足蛇吞象啊！

软的不行，来硬的。

挠痒。

捏。

降龙十八掐。

威胁带恐吓。

但是木木表示绝不妥协和示弱。

小懒很生气。

小懒：我生气了！

木木：我怕你生气啊？

小懒：我一生气，就睡不着，就失眠了，身体也不好。

木木：睡不着，你就哄二桃儿睡觉顺便给他进行胎教吧……

小懒：我一生气，心情就不好，就抑郁，就对人生都失望，我甚至怀疑咱俩的感情，你说结婚有什么意义呢？

木木：……你少来这一套。这个八卦，非常大，非常具有轰炸性，如果我告诉你，你会对别人说的。

小懒：我保证不说。

木木：我不相信你。你不是说过吗，八卦的乐趣，就在于能和广大群众交流。

小懒：这次我保证一个人独享。

木木：那我也不说。上次你也是这么答应的，结果你转头就告诉了他，他又告诉了她，结果成了全天下人皆知的秘密了。我被你出卖了。

小懒：这次真的不说了，我发誓!

木木（摇手指）：No!

小懒（低声下气地）：……求你了，快说吧，你说了，我就能写出东西来，长篇很快就能截稿了。

木木：可是这跟八卦有什么关系?

小懒：嗯，我需要八卦点燃我的创作激情，点燃我对生活的热爱……

木木：我说不说，就不说。

见木木依然不为所动，小懒决定欲擒故纵，采取冷处理的办法，不再理他。

事实证明，人性本贱，过了一会儿，木木笑嘻嘻地凑过来。

木木：要不，我告诉你吧。

小懒假装表情很淡漠。

木木转了一圈回来。

木木：好了，你要不要听?我现在告诉你。

小懒虽然很想听，还是决定继续表情淡漠。

几次后，小懒觉得可以了，不能再打击他的热情了，于是主动问。

小懒：到底是什么八卦?

木木：你都没有表现出对八卦的期待和热情，所以我决定不讲了。

小懒：……快说，你再不说，我就要动手了。

木木：你动手我更不说了。

小懒：那你到底要怎样，才能说?

木木：你要嗲嗲地说，老公，告诉我嘛!

小懒（为了八卦，我豁出去了，嗲嗲地）：……老公，告诉我嘛!

木木：呕，你真恶心！要是二桃儿看到你这个样子，肯定为有你这样一个妈妈而感到失望……

小懒：……

十分钟后。

小懒：木木，既然你不说，那么，就让我告诉你一个秘密吧。

木木：什么秘密？

小懒：昨天你团购的也是你最爱吃的四斤风干牛肉干，我一个人已经都吃光了……

木木：……什么，你都吃光了？（生气）你至少给我留一袋啊，你怎么能这样呢？哼，你连牛肉干都没有留给我，还好意思问我八卦！

小懒：……

十分钟后。

小懒：木木，我再告诉你一个秘密。

木木：少来，我正在看球，没时间听你的秘密，而且你的秘密通常都是一些无关痛痒人尽皆知的屁事。

小懒：不是，这次真的很厉害。我保证你听过之后，绝不后悔。而且，很有可能会把这个秘密的宗旨当成传家宝，一代一代传下去。

木木（放下遥控器）：好吧，你说，是什么秘密？

小懒：你把耳朵贴过来，我偷偷告诉你。

木木（不耐烦地）：家里就我们两个人，说什么悄悄话？你直接说就是了。

小懒（摆摆手）：不行的，还有空气在的啊，万一被空气听到了，一传十，十传百，整个人类，整个宇宙，全都知道了。

空气（好无辜）：……

木木：……好吧好吧（把耳朵凑过来）。

小懒（故作神秘地）：是这样的，我告诉你哦……这个秘密，你一定不要告诉别人啊。将来，要当成传家宝，一代代传下去。

木木：……啰唆，我知道了，快说。

小懒：这个秘密就是……嗯，牛肉干，吃多了，牙会疼！

木木：……

交出你的赃物来

小懒虽然有时候购物无节制，掏钱买的时候，有着无数拥有该物的快感和喜悦，但是回到家，罪恶感就来了：觉得自己未免有点太奢侈了，尤其是想到被木木看到，会惹来一堆唠叨和埋怨，就非常忐忑。

以前的策略，大家都知道，是买很多件后，每隔一个多月或几个月，就往外掏出来一件，打拉锯战，慢慢让木木接受，慢慢让他麻痹。

但是木木慢慢也变得聪明了，他学会了搜……于是一堆赃物，刹那间就现了形。

这天，小懒出去逛街。几个小时后返家。在家中折腾一番后，发了这样一条微博：

出去逛街，转了几圈，突然想起那首诗：昨日入城市，归来泪满襟，遍身罗绮者，不是养蚕人……（我不是养蚕人，不是养蚕人，可我还是想泪满襟……）于是我望着咂舌的价签，想了想，又默默回家写稿了……

晚上木木回到家。

木木（试探性地）：今天，你出去逛街了？

小懒：嗯，不过我什么都没买。

木木：是么？

狐疑的目光，接着开始在屋子里搜索。十分钟后。

木木：你不是在微博里说你没买东西吗？请你解释下，这些突然多出来的大包小包是怎么回事？

小懒：呃，那个，其实……

木木：我知道，你今天发微博，主要是想麻痹我……但没想到，我采取的是“眼见为实”的策略，压根儿不上当……

小懒（戳手指，被发现了）：……

中国妓院又来了

晚上，正在家准备晚饭，突然接到木木的电话。

木木：小懒，晚上不用做我的饭了，我在公司吃。

小懒：要加班么？

木木：不是，公司组织大家看演出。

小懒：去哪里？

木木：中国妓（剧）院。

小懒：……都谁去啊？

木木：公司所有人都去的。

小懒：呃，男的女的都去么？

木木（浑然不觉）：对啊，当然是都去，去妓（剧）院还分什么男女啊？

小懒：……你们公司真开放……

木木（诧异）：去妓（剧）院而已，这跟开放不开放能扯上什么关系？

小懒：好了，你跟我学，是中国剧院，不是中国妓院。

木木：对，是中国妓（剧）院，不是中国妓（剧）院……

小懒：一个连 i 和 ü 都分不清的南方人，去中国妓院看什么演出……

木木：……

小懒：如果二桃儿出生后，有一天跟我说，妈妈，我和爸爸去中国妓院看演出啦……我要怎么办？

木木：……

买了很多胎教书。

每天晚上督促木木给二桃儿作胎教。

木木：小二桃儿，爹爹来给你作胎教了。爹爹这么辛苦，还给你作胎教，将来你要孝顺爹爹呀。

小懒：……

木木：嗯，今天我们学习什么呢？哦，今天，我们就来讲一位伟大的诗人，七盐的故事吧。

小懒：七盐？

木木：你知道吗，小宝宝，七盐，他……

小懒：呃，不好意思，我打断下，七盐是哪位啊？

木木：七盐你都不知道吗？他是我国最伟大的爱国诗人啊，他一生忧国忧民，不屈服恶势力，当自己的政治主张不能被昏庸的楚怀王接受，而强大的秦国又打过楚国时……七盐在绝望和悲愤之下怀大石投汨罗江而死！

小懒：呃，木木，那个，来，看着我的口型，跟我读——屈原，q- ü -qu，y- ü -an，yuan，念！

木木：q-i-qi，y-an-yan！

小懒：不是qi，来，看着我的口型，qu！yuan！

木木：qi！yan！

小懒：屈原！

木木：七盐！

……

于是胎教，就这样变成了普通话普及课……

阳光这么好

给二桃儿买了婴儿床，在阳台前散味道，以保证二桃儿出生的时候安全使用。

看着婴儿床，之前总觉得怀孕不过是一场梦，可是现在开始觉得，不久后的三个月，真的要迎来二桃儿这个小家伙。希望他/她健康、可爱、帅气/漂亮，有着黑溜溜的大眼睛、长睫毛，性格开朗，喜欢看着我们笑。

小懒，是不是，越来越有做母亲的范儿啦?

阳光真好。天蓝得几乎让人忌妒。

10点多的时候出去散步，小区附近行人少，小懒跟二桃儿私语，或者大声讲话，都不怕有人投来好奇的目光让自己尴尬。

二桃儿，你娘实在太害羞了，人多的时候，不好意思和你说话嘛。

你要体谅。

你确定是去洗车的么

木木只要一洗车，天气就会发生变化。

第一次，刚洗完车，隔天就下雨了。

第二次，刚洗完车，就沙尘暴了。

第三次，下雨。

……

最近的一次，下午刚洗完车，第二天就下雨了……

小懒：你到底是去洗车的，还是去祈雨的？

木木：呃……我也不清楚，早知道这样，我可以去我国的干旱地区啊……只见我一路洗车，一路下雨……

小懒：……

文科生不知道的多了去了❤❤❤

虽然在怀孕期，但是杂志的专栏，还是要准时交的。

作为一个作者，一个孕妇姐，更是要守承诺的。

而身为一个理科生，木木同学看着小懒专栏里的文学典故，有点迷茫。好奇心又强，不耻下问地问了好几次。

小懒不禁有些得意扬扬起来，开始臭美。

小懒：嘿嘿，看来，还是文科生懂得多呀。你们理科生，哼！现在知道自己无知了吧？

木木（不服不忿）：文科生就了不起呀？那你不知道的多了去了。

小懒：我有什么不知道的？

木木（爆发）：那我问你，五代十国都哪十国？诺曼底登陆是怎么回事？马克思把商品转换成货币称为“商品的惊险的跳跃”，这句话怎么理解？

小懒：……

木木：我国是人民当家做主的国家，为什么还要依法打击严重暴力犯罪，行使专政职能？南美洲和北美洲都有哪些国家？首都分别是哪里？这些国家之间和各国内部都有哪些冲突？

小懒：……

木木：早在公元1000年左右，北欧诺曼人就曾远达冰岛、格陵兰和北美洲东岸。但是诺曼人的发现并没有引起全球地理大发现，这是为什么？

木木：中国进入航天时代的重大标志是什么？

木木：亚洲贝加尔湖和北美五大湖是怎样形成的？

木木：巴西高原上树木落叶、草类枯黄的时候，地中海沿岸地区是什么季节？

木木：撒哈拉地区沙漠化进程很快，针对沙漠化问题，可以采取哪些有效措施？

……

小懒：……

最讨厌抽指血……

怀孕后，要及时到所在地区的妇产医院建档，定期进行产前检查，以保证宝宝的健康出生。怀孕周数不同，所作的产前检查种类也不一样，包括血常规、尿常规、B超……

而几乎所有准妈妈最讨厌做的一项，是糖耐量。

所谓糖耐量，是排查孕妇是否有妊娠期糖尿病的一项检查。据说，女人怀孕后，由于孕期特殊的生理变化，加上饮食不当等因素，会导致妊娠期糖尿病，对肚子里的宝宝有多种不好的影响。

糖耐量的检查非常恐怖，要空腹喝一杯高浓度的糖水，然后每隔一小时静脉抽一管血，共抽四次。

抽到胳膊像筛子……

不过在作这么恐怖的检查之前，有个检查叫糖筛，是抽指血，只抽一次，如果数值小于7.8，便不用作以上那么变态的糖耐量检查了。

所以各大论坛，流传着各种版本的一次性通过糖筛检查而不用作变态糖耐检查的秘方。诸如一周之内不要吃水果啊，前天晚上不要吃饭啊，喝完了糖水要多散步啊……

小懒逐个抄下来，希望到时候可以一次性通过。

几天后。

终于要去医院作糖筛了。

小懒微博：

希瑞，赐予我力量吧！

隔天。

小懒微博：

希瑞，你打盹儿了吧你睡着了吧你没听到昨天我的祈祷吗！！！

——糖筛没有过，过两天要去医院，抽四次血。

木木的胎教好狡猾

木木隔着小懒的肚皮和小二桃儿讲话。

木木：小二桃儿，爸爸告诉你哦——如果你生下来后，好吃又懒做，就是像你妈；如果你聪明又可爱，就是像爸爸。

小懒：……

小二桃儿是男生还是女生啊

一直很想知道小二桃儿是男生还是女生。

虽然北京各大医院在给孕妇作B超的时候，根据相关规定，并不作胎儿性别的鉴定，但是绝大多数医院，只要你认识人，管理得并不是太严格，其实要是在医院找找熟人，也是能够知道男女的。

虽然特别特别想知道小二桃儿是男生还是女生，但是没必要因为这个找熟人问。

总觉得宝宝生出来的时候，不论医生说“恭喜你，生了个千金”，还是“恭喜你，是个公子”都会觉得很惊喜。

既然这样，就把这份惊喜留到最后一刻吧。

但有时候，还是会很纠结啊。

这天小懒和肚子里的小二桃儿说话——

小二桃儿，如果你是男生，就踢下妈妈肚子的左边。

如果你是女生，就踢下妈妈肚子的右边。

木木：二桃儿知道哪边是左、哪边是右吗？

小懒：呃，貌似不知道。

木木：二桃儿知道什么是男、什么是女吗？

小懒：呃……

木木：二桃儿知道什么是踢吗？

小懒：呃……

木木：二桃儿知道什么是妈妈吗……

小懒：我讨厌你！

木木：……

妈妈，我都留给你吃！❤❤❤

小懒怀孕后，变得非常馋。

什么都想吃。

尤其是水果，各个品种都想吃。

木木下班回到家，经常看到客厅的茶几上摆着一小盆水果，里面盛满了樱桃芒果山竹释迦……

木木忍了几天后，终于忍不住了。

木木：小懒啊，不要吃这么多，消化不了，对身体不好的。

小懒（自责地）：我也知道，但不是我想吃，是二桃儿想吃……

木木：你少拿二桃儿当借口。二桃儿要是会说话，早就说自己不想吃了。

小懒：怎么会？二桃儿喜欢还来不及呢。

木木：才怪。我觉得啊，没准儿，将来咱二桃儿一出生，左手拿一芒果，右手擎一木瓜，嘴里说着：妈妈，妈妈，我在你肚子里的时候，你吃了很多水果，我压根儿吃不下。但我是爱妈妈的好宝宝，妈妈，我都给你剩下了。我不但给你剩下了，我还带出来了……

小懒：……

小懒是破坏大王

天气热。

朋友：小懒，你靠在窗户旁，能不能把窗户打开下？

木木：不要！

已经来不及了，小懒站起身，一使劲，把窗户的扶手薅下来了。

小懒（好尴尬）：实在抱歉，那个，不好意思……

朋友：呃，没关系，那个，反正也要换新的了……

木木（黑线）：……

午饭后。

小懒：厕所在哪里？

朋友：次卧旁边就是了。

小懒：谢谢啊。

小懒上完厕所，按了下抽水马桶，没反应。再按一下，抽水马桶的线断了。

小懒（好尴尬）：那个，咳咳，实在抱歉，你家抽水马桶的线，被我弄断了……

朋友：呃，没关系，那个，反正也要换新的了……

木木（黑线）：……

下午茶时。

小懒：哎，天怎么暗了，要下雨吗？开下灯吧。

木木：别动！

小懒白了木木一眼，开了客厅的灯，结果一打开，发现客厅的灯有好多水晶球，小懒看得好奇，按了关，又按开，结果灯再也不亮了。

小懒（好尴尬）：那个，咳咳，实在抱歉……

朋友：呃，没关系，反正……

木木（爆发）：小懒，你能不能不要使用蛮力？在咱们家折腾也就罢了，我天天盯在你后面，换这换那，你在朋友家还是这样！

朋友：呃，别生气，多大的事啊，没关系的，反正我们也要……

木木（打断）：小懒，咱回家吧。

朋友：干吗呀，多大的事啊，难得来一次，再坐会儿吧。

小懒：就是，人家都没说，你干吗赶我走！

木木（转向朋友）：你还太不了解小懒的破坏力，你再让她待上一个小时，我担心你家就不是换新的问题了，而是需要重新装修的问题了。

朋友：……

小懒：……

回家的路上。

木木：你以后做事能不能不要那么鲁莽，你用什么东西的时候，就不能轻轻地用吗？不要使蛮力。

小懒（理亏）：我觉得还好啊，我使的力气已经很轻了。谁想到那些东西会那么娇气，中看不中用。

木木：你不要强词夺理，你这样，搞得我每次去朋友家做客，心都高悬着，你不怕人家给你加黑名单，以后都不让你去吗?

小懒：才不是。真正的朋友，敢于直面家具的被破坏，敢于正视新家居的焕然一新。

木木：……

卖水果的！

怀孕之后的小懒，越发对水果有爱。

而且喜欢在同一家水果摊买。

为了保持水果新鲜，同时可以锻炼身体，每天都慢慢散步，走过去。

今天芒果。

明天菠萝蜜。

后天木瓜。

山竹。莲雾。葡萄。樱桃。

……

这样持续半个月后。

木木：小懒，我问你个问题，你要如实回答啊。

小懒（一边吞水果一边回答）：嗯，你说吧。

木木：你为什么天天在同一家水果摊买水果啊?

小懒：因为他家水果足够新鲜，而且全啊。现在我已经是熟客，对我还特别优惠！厉害吧！

木木：我总是觉得怪怪的。你……是不是和卖水果的好上了?

小懒：……

小二桃的婴儿床送到之后。

小懒经常一个人看着这小小的淡蓝色婴儿床发呆。想象着出生后的小二桃儿躺在里面，挥舞着小手小脚爬向自己，嘴角都是旁人所不能察觉的笑。

有一天，小懒独自憧憬着，干脆自己坐在了上面……

只听！

“嘭”的一声……

小婴儿床的轱辘被压坏了。

木木只好赶紧联系厂家，对方还算大方，说不论什么原因损坏的，都可以把零件快递到家里来。

但是木木还是觉得有必要跟小懒谈谈。

木木（语重心长）：小懒啊，这床上明明标着“承重30千克，0～3周岁婴儿使用”，你没看到吗？

小懒（抠手指）：我看到了……只是，只是……

木木：只是什么？

小懒：我只是想，也许这张床，能给我一个惊喜呢。没准儿我坐上去，坏不了呢。到时候我就可以同小二桃儿一起躺在这张小床上，享受着我们母子二人独有的相处时光。

木木：……那么，现在你死心了，小床拒绝了你。

小懒：唉……但是没关系，小床虽然没给我惊喜，但是我的体重给了我惊喜啊。你瞧瞧这个被压坏的轮子，碎得是多么……可爱啊。说不定这是小二桃儿送给我们的礼物呢。木木，你开心不开心？惊喜不惊喜？意外不意外？

木木：……

把胸开一下❤❤❤

天气越来越暖和了。

这天，吃过早饭，小懒下楼散步回来，看到木木的爸爸妈妈正在包粽子。

看到小懒回来——

木木的妈妈：小懒啊，把胸开一下。

小懒：……

木木的妈妈：把胸开一下啰，天这么热。

小懒：呃……老妈，您说什么？

木木的爸爸（帮忙解释）：老妈说天气热了，叫你把胸开了。

小懒：……为什么要开我的胸……

木木的爸爸：天气热嘛。

小懒：……搞不懂您在说什么。

木木的爸爸：唉，算了，还是我开胸吧。

小懒（纠结得想死）：……

只见木木的爸爸走到阳台边。

伸出手——

把——

窗户打开了。

木木的妈妈：你看，开了胸（窗），空气真好啊！

原来，开胸 = 开窗。

小懒好紧张！

天啊！

晚上木木回来。

小懒：这要是在我们北方，哪个男人叫女人把胸开了，人家会误以为你要流氓哎……

木木：……

小懒：你不会也说不出开窗吧，天啊，天啊，（胡思乱想）万一你上班时，很热，你跟你的女同事说，现在把胸开一下！结果你的女同事刚好也喜欢你，趁着这个机会，把衣服脱光了……

木木（黑着脸）：你这个孕妇，一天到晚到底在想什么！

小懒：我不管，你现在跟我学，开窗！

木木：懒得理你。

小懒：如果你懒得理我，就表明你默认了这个事情。我知道了，你就是想利用这个误会，去包二奶，去找小三！

木木（无奈地，要体贴孕妇，体贴孕妇，淡定，淡定）：好，我说，开——窗。

小懒：哦，你说得出啊。

木木：好歹我在北京很多年了，普通话总会比老爸老妈强吧。

小懒（继续胡思乱想）：可万一你假装说不出，一直说“开胸”怎么办呢……天啊，危机无处不在啊，这个晚上，让我怎么睡啊……

木木：……

胎教总是变成普通话普及课

妈妈，我都留给你吃！

小懒怀孕后，变得非常馋。
我下班了。
回来了。
回来啦。
小懒啊，不要吃这么多，
消化不了，对身体不好的。
我也知道，但不是我想吃，
是二桃儿想吃……
你少拿二桃儿当借口。二桃儿要是会说话，早就说自己不想吃了。
怎么会？
二桃儿喜欢还来不及呢。
才怪。我觉得啊，没准儿，将来咱二桃儿一出生，左手拿一芒果，右手擎一木瓜，嘴里说着：妈妈，我在你肚子里时，你吃了很多水果，我吃不下。我都给你剩下了。我不但给你剩下了，我还带出来了……
……

CHAPTER · 03

小懒一直坚持认为，人不早恋枉少年；没有早恋的人生，是不完美的人生；当有一天你想早恋的时候，发现已经晚了，是很悲催的事情——但木木对小二桃儿早恋则表示很担心。

不要以为我的肚子里是……

北京很多公立妇产医院的医生及护士，服务非常差劲。

尤其是照B超，只允许孕妇一个人做，别说家属，孕妇自己都看不到肚子里的宝宝。态度也非常冷漠和恶劣，动辄就会大声指责。在你眼里怀孕是让整个家族的人都欣喜异常的事情，但在那些医生眼里，会觉得跟自己有什么关系呢？小懒就曾经亲眼目睹一个医生因为孕妇从B超床上起来得有些慢了，把孕妇骂哭了。孕妇没地儿说理去，只能忍着。

这天，小懒选择了一家私立医院拍四维彩超，不但可以让家属参观全程，孕妇躺在床上，自己也可以通过床对面的超大显示屏看到自己的宝宝。

于是小懒清楚地看到了小二桃儿在自己肚子里的活动情况。

很好看的五官，看着小二桃儿微笑或者嘟着嘴，啃脚丫，两手握拳放在额头上……快速地做出各种动作。

就这样第一次见到二桃儿，健康得很。

想想生命真是神奇，二桃儿在小懒的肚子里，时时刻刻做出各种动作和表情，通过四维彩超，小二桃儿第一次以这么形象、立体的姿态出现，让小懒激动至今。

可惜还是不知道男女……不过，那么帅……脸圆圆的，不论微笑还是嘟嘴，都惹得工作人员不断尖叫，直呼可爱。

二桃儿，你在娘胎里就知道给娘争气！好样的！

照完B超回来，同木木一起去散步。

碰到一对母子。小男孩，大概四五岁的样子。

一直盯着小懒的肚子看。

这时候，小男孩的妈妈说：“阿姨的肚子里，有个小宝宝呢……”

但小男孩一副质疑的神情。

回家后，小懒闷闷不乐。

木木：小懒，你怎么了？好像碰到那对母子后，你就不太开心啊。

小懒：呃，是不开心。

木木：为什么？

小懒：你记不记得《蜡笔小新》里，有一集，野原美伢怀了小葵，挺着大肚子带小新一起去产检。等红绿灯时，小新突然对站在身边的老头老太太说：“告诉你，我妈妈怀了一个小宝宝，你们可不要认为她肚子里都是大便哦！”

木木：这又怎么了，跟你不开心有什么关系？

小懒：哼，那个小男孩，他妈妈说我肚子里有个小宝宝的时候，他一脸质疑的神情！他肯定以为我肚子里都是大便啦！

木木：呃……不会吧！

小懒：我不管，你现在出去，帮我找到那个男孩，我要告诉他，我肚子里才不是大便呢。我今天还照了B超呀，经过B超验证了呀，我肚子里，是小宝宝！

木木：……我去哪里找他呀？

小懒（癫狂）：我不管，你要是想让我开心，就找到他，证明我的清白！我不想我一世英名，毁在一个几岁的男娃娃手里。

木木：……

这个话题太沉重

自从怀孕后，小懒就一直不敢称体重。

其实很多时候，并不是很想吃，但是啊但是，那些美味像是突然长出了小手，热情地挥舞着，召唤小懒肚里的馋虫。

纵然之前有着太多的顾虑和决心，在看到小手召唤的那刻，小懒迅即屁颠屁颠地……投降了。

开始还很有罪恶感，到后来完全失控，索性——破罐子破摔吧。

以至于连体重计都不敢上了。

想尽各种办法威逼利诱甚至拿好吃的勾引小懒往秤上站的木木，到底是有多想知道小懒的体重啊——

木木：你称下体重吧，我想知道二桃儿有没有长……

小懒（果断回绝）：呃，不要……如果知道了我的体重，我自己会觉得没脸的……承受不住压力，心情也不会很好。天天想着身材毁了，会抑郁的，对宝宝也不好。

木木：这样吧，你闭上眼。我来看就行了。

小懒：不行，那我的把柄和秘密，岂不是落在你手里了？我太没有安全感了。以后你天天拿这事威胁我，我怎么办？

木木：……

小懒：你不要再说了，反正我不会称的。

木木：这样吧，你抱着这个公仔上去称。我觉得吧，这个公仔，怎么着也有八十斤吧。

小懒：八十斤？（有一斤就不错了……）

木木：你抱着它称，最后得出的数字，减去八十斤，就是你的实际体重，行吗？

小懒：……

被温暖到了

小懒日记一则：

木木。

冬天的时候，早上，我们迎着凛冽的风，走过小区外的胡同。

你总是抢先走在我前面。

虽然我真的不觉得这样能够为我遮挡多少迎面吹来的寒风，嘴里也在说着“不用这样，真的很夸张”。

但在你一步步逆风前行而表情认真、拉着我的手前行的过程里。

我——

是真的被温暖到了。

蝴蝶扇动翅膀？

买的有关孕产知识的书，把胎动写得非常文艺。

大致有：胎动，像蝴蝶扇动翅膀，有风吹过田野，小鱼吐泡泡……

一度搞得小懒非常迷茫：蝴蝶扇动翅膀，只有蝴蝶自己知道吧。有风吹过田野，咳咳，田野的空旷和无人，哪个是重点啊？太难把握了。小鱼吐泡泡，还是只有小鱼自己才知道啊……

于是小懒经常出现幻觉，有点动静就以为是胎动，接着又反驳自己是幻觉……

等到胎动三周后，越来越明显，这才感觉大局已定。

广大对胎动比较困惑的孕妇朋友们！！！

让小懒来帮你们解答什么是胎动吧——

所谓胎动，最直白的话，就是——就是——

有人在肚子里用手捅你的肚皮！！！

到底有一对什么样的父母❤❤❤

呃，最近的胎教，是揭短型胎教。

木木：小二桃儿，爸爸告诉你哦，你妈妈有牙缝，脸上还有小雀斑。

小懒：小二桃儿，妈妈告诉你哦，你爸爸踢完球脚会臭，你爸爸还经常晚上忘记刷牙。

木木：小二桃儿，你妈妈放屁臭。

小懒：小二桃儿，你爸爸有头皮屑！

妈妈肚子里的小二桃儿（很郁闷）：我到底有一对什么样的父母啊？

但是，因为木木要上班的缘故，他只能在早上起床和晚上睡觉前挤出一段时间来对小二桃儿进行胎教。

但是他又担心小二桃儿和妈妈在一起，受妈妈的胎教太多，被妈妈误导……

于是，每天早上出门前，以及睡觉前，木木都要对二桃儿说：

“小二桃儿小二桃儿，要是你妈妈说了爸爸的坏话，你不要信啊，爸爸最伟大了。”

在妈妈肚子里的小二桃儿（很纠结）：到底是个什么情况……

阿里巴巴和四十大盗的故事

木木给二桃儿宝宝讲故事作胎教。

木木（拿着《一千零一夜》，轻轻读）：今天我们要讲的，是《阿里巴巴和四十大盗》……很久以前，在波斯国的某城市里住着兄弟俩，哥哥叫戈西母，弟弟叫阿里巴巴。阿里巴巴与一个穷苦人家的女儿相恋，过着贫苦的生活。每天阿里巴巴都要赶着毛驴去丛林中砍柴……

小懒：……嗯嗯，表现不错，继续继续。

木木：有一天……阿里巴巴在哥哥的威逼下，只好把山洞的所在地和开、关洞门的暗语，一字不漏地讲了一遍。戈西母仔细听着，把一切细节都牢记在心头……

小懒（频频点头）：……

木木：……聪明的女仆马尔基娜料到这是有人故意做的识别标记，于是她就用粉笔在所有邻居的大门上画上了同样的记号……

小懒：然后呢?

木木：……在匪首的指挥下，拿菜油灌满一个大坛子，全副武装的匪徒分别潜伏在三十八个坛子中，用十九匹骡子驮运。匪首扮成商人，赶着骡子，大模大样地运油进城，趁天黑时赶到阿里巴巴的家门外……

小懒：后来呢?

木木：……聪明的女仆马尔基娜见灯油点干了，想到油贩子的油坛子里取一点油，刚准备打开坛子，突然听见喘息的声音。她把沸油往每个油坛子里倒，把里面的强盗都烫死了。

小懒：接着呢?

木木：……强盗头子气极了，准备进屋亲自动手，这时聪明的女仆马尔基娜从背后一刀杀死了他。就这样，聪明机敏的女仆，用自己的智慧和勇气战胜了凶恶残忍的四十大盗。

小懒（频频点头）：嗯嗯。

木木：……后来，阿里巴巴把山中宝库的秘密告诉了自己的儿子和孙子，让他们世代相传，继续享受宝库中的无尽财富。他们一直过着极其富裕的生活，成为这座城市中最富有的人家。

小懒：……感觉，好像哪里，有些不对哎？

木木（沉思）：嗯嗯，小宝宝，告诉爸爸，这个故事，都说明了什么道理呢？（自问自答）首先呢……阿里巴巴把所有的金银珠宝，全部留给自己和子孙后代独享，这是拾金"要"昧啊，这说明不义之财也是可以让人很幸福的。

小懒：呃……

木木：其次呢，女仆是在发现家里没油，去拿客人坛子里的油时发现那帮强盗的——可是客人的东西怎么可以未经允许就随便动呢？

小懒：好像有点道理。

木木：另外，不是一共四十个大盗吗，三十八个装在坛子里，算上装扮成卖油商贩的强盗首领，一共三十九个，还有一个大盗去哪里了？

小懒：书上，好像确实没说。

木木：第四，女仆发现坛子里装的是强盗后，用大锅把油烧得烫烫的，往一个个坛子里浇去，坛子里的强盗不明不白被活活烫死了——一共三十八个强盗，那么烫的油，难道他们都是哑巴吗？有一个疼得喊出声，后面的就被吵到，就能都得救的呀。

小懒：……还有没？

木木：最后一点，也是非常重要的一点，阿里巴巴的妻子去哪里了，为什么从头到尾，在最关键的时刻，都是聪明的女仆救了他的命？这是不是说明，有一个傻老婆没关系，最重要的，是要有一个聪明的女仆？

小懒：……

小懒心得：看书一定要看原版……下次再有朋友送童话书，如果不是原版，而是经国内乱七八糟的出版社找作者改编的，一律销毁！

男人用什么思考❤❤❤

小懒最近比较焦虑。

——产前焦虑症？

不清楚。

反正做梦，梦到自己被扔到了菜市场，然后在脏兮兮的菜市场，宝宝出生。

醒来后的小懒，心情焦虑到极点。

一会儿担心自己生宝宝时木木不在身边。

一会儿又怀疑医院的医疗设备有问题，导致宝宝不能健康出生。

还神神叨叨怕生完宝宝后护士会把别人家的宝宝错抱给自己。

……

小懒：木木，你说，这个梦，是不是预示了什么？

木木（若有所思）：嗯嗯，菜市场是吧？（作思考状）小懒啊，依我看，不如这样，咱们的宝宝，大名，就叫林菜菜吧……

小懒：……

小懒心得：你压根儿不知道男人到底用什么思考。

如何防止二桃儿早恋❤❤❤

突然想到小二桃儿早恋的问题。

（众人：刚怀孕几个月？你是不是想得有点太远了？）

虽然，小懒一直坚持认为，人不早恋枉少年；没有早恋的人生，是不完美的人生；当有一天你想早恋的时候，发现已经晚了，是很悲催的事情——但木木对小二桃儿早恋则表示很担心。

木木：万一小二桃儿早恋咋办？

小懒：挺好的呀，我就给把把关，看看这个姑娘好不好。再送个见面礼啥的。

木木：你给我滚，我说正经的。

小懒：我也没和你逗啊。

木木（沉思）：有了。

小懒：什么？

木木：咱们从小就给小二桃儿，定娃娃亲！

小懒：定娃娃亲？这是什么办法？

木木：以毒攻毒呗！

小懒：……

鼓起的肚脐像什么

怀小宝宝之前，小懒的肚脐一直是内凹的。随着时间的推移，肚子越来越大，肚脐突然鼓了，外凸起来。

小懒：我感觉我的肚脐，像是小狗被人剪断了尾巴。唉，很难看。

木木：你这样说太血腥了。

小懒：那要怎么说？

木木：哇，小懒，你的肚脐凸凸的，好大一个石榴啊！

小懒：……

大鹏展翅❤❤❤

木木的爸爸妈妈，也就是小懒的公公婆婆，来到北京照顾小懒。

虽然他们也在积极学习普通话，但是普通话一直很烂。

尤其是木木的妈妈，普通话听不懂，又不会讲。但是她在小区里交到了好多朋友，远远看上去，有说有笑，沟通畅通无阻。

平时小懒听他们说话都很费劲。

为啥邻居们都能听懂呢？奇怪。

小懒决定偷偷尾随。

这天，木木的妈妈出去散步，小懒就偷偷地跟在了后面。

到了小区的广场。

有邻居问她："今晚给你媳妇做什么菜啊？"

木木的妈妈开始有些结结巴巴，"那个，那个……"看到她因为不会讲普通话而皱眉的样子，小懒觉得有些好笑，刚想上去帮忙……

突然看到木木的妈妈展开胳膊，一边作大鹏展翅飞翔状，嘴里说着："嘎嘎，鸭子，鸭子的……"一边继续挥舞，"翅膀！"

邻居笑眯眯地拍手，开心地叫出声："啊，我知道了，是鸭翅！"

木木的妈妈点头，"对的，没错没错，鸭汽（翅）……"

小懒：……

邻居们就这样集体为木木的妈妈倾倒了……

晚上，木木下班回到家，木木的妈妈又给大家演示了一遍，非常得意。

木木：那，如果我们吃的是鸭腿怎么办呢？

木木的妈妈（站起来，一手拍大腿，一手作大鹏展翅飞翔状）：这样就可以了啊……

小懒：……

加工厂的雪糕

小懒比较爱吃冰工厂出的那款山楂味的雪糕。又甜又酸，松软可口。在炎热的夏季，吃上那么一根，真是凉爽极了。

这天，雪糕吃完了。木木的爸爸自告奋勇去买。出门前，小懒反复叮嘱："记住哦，老爸，是冰工厂的，山楂口味。"木木爸爸说："记住了，这我还记不住吗，啰唆！"

于是他换好鞋，出了家门。

十分钟后。

木木的爸爸从商店空手回来。

小懒：哎，老爸，雪糕呢？

木木的爸爸：你骗人，告诉我的是错的，人家说没有这个口味的。

小懒：怎么可能啊？我一直在吃啊。

木木的爸爸：你告诉我错了呗。

小懒：你怎么跟人家说的？

木木的爸爸：我就问人家，给我拿一箱加工厂生产的山西味的雪糕嘛。

小懒：……

多吃点西红柿吧

木木的表弟来北京，带来了好几只木木家乡的白切鸡，每天用生抽蘸来吃，新鲜又美味。

就这样连着吃了三天。

……吃到想吐。

但是没过几天。

木木突然往家里囤了大量的西红柿。

每天强迫小懒吃两个。

虽然小懒很喜欢吃西红柿，虽然西红柿的味道不坏，但是每天吃两个，天天吃，未免有些太奇怪了吧……

小懒：木木，你这是做什么……我是不是吃得有点太多了？咱能不能换换花样啊？

木木：哎呀，你懂什么呀？西红柿含有丰富的营养，富含多种维生素，能降低胆固醇的含量，对高血脂症很有益处。而且，我听说，西红柿汁还有降低血压、利尿、消肿作用。还美容呢。

小懒：这么说是没错了，可我还是觉得……我更喜欢吃山竹啊、桂圆啊、菠萝蜜啊、芒果什么的……咱能不能停下来，吃点别的呀？

木木：叫你吃，你就吃！我要对你的身体以及咱们的宝宝负责。

小懒：负责？你肯定是有什么阴谋！快点招，否则我是不会吃的。

木木：……真的不吃么？

小懒：打死也不吃。

木木（下定决心）：好吧，既然你这么坚持，我就说实话好了。

小懒：什么实话？

木木：其实吧，我让你吃这么多西红柿，是为了赎罪。

小懒：赎……罪……

木木：是啊，咱们前几天不是吃了很多白切鸡吗，蘸了很多生抽对吧？

小懒：没错呀……

木木：那个……我听说，我听说，孕妇生抽吃多了，宝宝出生后，就长得黑……

小懒：呃……所以，这和你叫我吃西红柿有什么关系呢？

木木（戳手指）：呃，我还听说，吃西红柿，可以让宝宝皮肤白……

小懒：……

觉得二桃儿又近了一步

周日来了个大扫除。

把之前从宜家买的五斗柜放进卧室，反复擦洗，又用酒精消毒。

拿出之前小懒的妈妈给二桃儿快递的两大行李包的东西晒在阳台上。

这两大行李包，快递费就二百多，可以想象她老人家到底做了多少东西，棉衣棉裤棉被枕头……由此可知是亲外婆啊！

又给所有公仔洗了澡晾在阳台上，房间显得愈发干净明亮。

——觉得二桃儿离我们又近了一步。

家务骰子

小懒从网上买了一个家务骰子。

家务骰子六面的字，分别为：

洗衣。

做饭。

买菜。

洗碗。

待着。

拖地。

——你们还在为谁做家务烦恼？

——你们还在为谁做家务而吵个不休？

不要吵了，小懒向您特别推荐这款“家务骰子”！

家务骰子，您的贴心宝贝，再也不用为芝麻绿豆大的小事争执，影响夫妻感情。

关于谁做家务这件事，不如让我们听天由命！

小懒：来，木木，咱们骰一个！

木木（拿过骰子仔细看）：这也没意思啊，现在洗衣有洗衣机，平时呢，咱俩上班，都是老妈老爸做饭、买菜、洗碗、拖地，咱俩就管吃和待着。就算周六日咱们休息，可是你一孕妇，我总不能让你做太多事情吧。玩起来，就算我赢了，也没多大意思。

小懒（若有所思）：这样啊，倒是提醒了我，你稍等啊，我进去改良下。

小懒拿着骰子进了客厅，从抽屉里拿了一张修正贴出来，取了六个，用圆珠笔在上面写了一圈字，小心地粘贴在家务骰子的六面。

木木：你都写了什么内容？

小懒：我不告诉你。

木木：你不告诉我，我就不玩。

小懒（决定采取激将法）：哎，你说你一大男人，居然一点都不让着你怀孕的老婆。你还不玩，我再狠，能狠到哪里去？玩骰子而已，游戏么，看来你是玩不起啊你。

木木（大手一挥）：行，玩就玩，你才玩不起呢。

小懒：好，不许偷看上面的内容啊。

小懒把骰子放进一个碗里，用一个碟子扣上。

木木：我先来！

木木双手捧起碗和碟子，上下左右东南西北晃个不停，然后稳稳地把碗和碟子放在茶几上。

木木揭开碟子，看到骰子最上面显示的居然是——

“打木木嘴巴！”

说时迟那时快，小懒以迅雷不及掩耳之势在木木的脸上轻轻地重重地温柔地又凶狠地扇了一小巴掌！

木木（目瞪口呆）：……

小懒：这次轮到我先来了。

小懒双手捧起碗和碟子，上下左右东南西北晃个不停，然后稳稳地把碗和碟子放在茶几上。

小懒揭开碟子，看到骰子最上面显示的居然是——

“踢木木屁股！”

说时迟那时快，小懒以迅雷不及掩耳之势在木木的屁股上轻轻地重重地温柔地又凶狠地踢了一脚！

木木（傻了）：……

小懒：这次还是我先来。

小懒双手捧起碗和碟子，上下左右东南西北晃个不停，然后稳稳地把碗和碟子放在茶几上。

小懒揭开碟子，看到骰子最上面显示的居然是——

"掐木木胳膊！"

说时迟那时快，小懒以迅雷不及掩耳之势在木木的胳膊上轻轻地重重地温柔地又凶狠地掐了一下！

木木（我跟你拼了）：……

不要跑啦❤❤❤

关于孕妇的身份，小懒还在慢慢适应中。

急性子的小懒经常在办事的时候如往常一样小跑……跑着跑着突然想到：我是个孕妇哎，不能跑，要慢下来……孕妇就要有孕妇的样子！

嗯嗯。

于是小懒放慢脚步……假装很沉稳地走路……

二桃儿，娘对不起你……

500万没有了……❤❤❤

怀孕二十三周的时候，要到妇产医院作B超排畸检查。

通过B超排畸检查，利用超声波在充满羊水的子宫内反射得到的回声来描绘其中景象，可以诊断宝宝在妈妈的肚肚内发育是否健康，能够诊断宝宝是否畸形。

作检查时，医生会拿一个小探头在孕妇的肚皮上滑来滑去，然后通过显示屏就可以观察到宝宝在肚子里面的情况。

作完检查后，医生会给你一张检查报告，里面有二至三张黑白照片，以及一些数值报告。

这个时候，孕妇是不是怀的双胞胎就能知晓了。

如果是双胞胎，就会写上：

双，活胎。

如果是一个小宝宝，就会写上：

单，活胎。

小懒曾经在微博上看到有人说，一个姓赵的人，老婆生了双胞胎，老大取名赵云，老二大号赵子龙。一位姓刘的人看到，说："如果我也生一对双胞胎，一个叫刘备，另一个叫玄德。"

那时小懒还想，如果小二桃儿是双胞胎，随小懒姓的话，老大叫苏东坡，老二叫苏轼；如果随木木姓，老大叫林则徐，老二叫林少穆。

——每个孕妇，都有一个生双胞胎的理想。

不过眼下这个理想已经不可能实现了。

因为检查报告写的是"单，活胎"。

其实。

每位孕妇期待自己怀了一对双胞胎的心情，同绝大多数购买了彩票的人期待自己可以中得500万的心情，是一样一样的。

结果也是一样一样的——

都会落空。

Y(^_^)Y

作家的老公并不明白

作家的妻子并不明白，当作家凝视窗外时，他就是在创作。

——伯顿·拉斯科

看书的时候，偶尔看到这么一句话。

小懒看看坐在沙发上玩游戏的木木。

郑重地在记事本里写下这么一句——

作家的老公并不明白，当作家怒目而视喋喋不休数落他时，她也是在创作……

木木（疑惑地）：什么情况?

后来，就很少哭了

看《每日文娱播报》，是刘晓庆的专题。

“年轻时碰到很多事情，像绝大多数女孩一样，动辄大哭。后来，就很少哭了，因为开始懂得，哭泣会贻误战机。”

小二桃儿，听到没有？出生以后，可不许随便哭鼻子。

小懒拍拍肚皮，及时给小二桃儿作胎教。

男孩要穷着养，女孩要富着养

民间有俗语说，男孩要穷着养，女孩要富着养。

理由是，男孩穷养，才能培养其自信、自强、独立、自立的优良品质，才能克制物欲、勤苦持家，才知道奋斗，有责任感。

而女孩，要培养其高贵典雅的气质，造就富贵祥和的命运，给她精致的生活，让她自信自立，眼界开阔，尊重他人，做一个有品位、有气质的女孩。

——最关键的是，不能让自己辛辛苦苦养育大的宝贵女儿，碰上一个穷小子，请她吃了一顿饺子，就跟人家跑了，从此以后受苦受累去……

木木：小懒，你觉得二桃儿是男孩还是女孩啊?

小懒：我不太清楚呀。不过之前有算命先生说，是男孩。

木木：……靠不靠谱啊？别听他们胡说八道，不论男女，只要健康，咱们都爱。

小懒：当然会都爱，只是这个穷养和富养，好难把握。

木木：这有什么难的？女孩还好说，在咱们经济能力允许的情况下，什么贵可着什么来就行了；如果是男孩，从他生下来，就告诉他，咱们家欠了几百万元的外债，还有八十年的房屋贷款没有还，这辈子他爸妈是还不上了，眼下，就指望他还清了。

小懒：……

妈妈肚子里的小二桃儿：爸爸妈妈，我压力好大！

等你来

小懒日记：

木木。

每天，我们一起出门坐车到三元桥，你转而坐上公司的班车，我则继续前行几百米到我公司所在的大厦。

结果那天你突然对我说，每每到了三元桥，就很不舍，因为这样意味着只有在晚上，才能再见到我。

其实你这个理科生很少说这样的情话，如果这也算是情话的话。

四年多的婚姻生活，我们仍然像当初热恋、刚在一起时那般，每天有着说不完的话，有着无数的表达想要和对方交流。

所以，这么久以来，我从不曾觉得缺少什么。

可是现在，因为二桃儿的到来，一切都改变了，没有一点因为他/她会影响我们二人世界的担心，更多的是得知这个新生命的到来时，莫大的感激和欣喜。

2009年，我们将告别这四年多的婚姻生活中我们两个人的世界。

我想二桃儿会健康成长，我们亦会得到新生，我们虔诚地、心存感激地等待新生命的到来。

二桃儿，我们在等你来。

喜鹊阿姨

小区里有两对喜鹊夫妻。

小懒每次出去散步，总有其中的一对，在头顶叫，接着盘旋几下，飞走。

或者刚好停在树枝上，唧唧喳喳叫那么几声，然后飞走。

每天，每天，不论是早出去十几分钟，还是晚出去十几分钟，总能看到它们。

小懒偷偷对肚子里的二桃儿说：

小二桃儿，是你给喜鹊阿姨、叔叔打电话叫它们来的吗？

它们是你的好朋友吗？

它们是在等着每天和你打招呼，说：嘿，二桃儿，你出来散步啦！

这样想着，觉得，^_^好温情哦。

小懒想吃疙瘩汤

小懒突然想吃疙瘩汤。

木木的妈妈：我会做啊。

不由分说，穿上鞋便要出门买材料。

小懒问她去哪里。

回答：你别管了，反正给你做就是了。

之后小懒有些困，进房间睡觉，昏昏沉沉的。
醒来后，木木的妈妈笑眯眯地端着一盆东西出来。

小懒：老妈，这是什么？
木木的妈妈：你要的鸽子汤啊！
小懒：鸽子汤？
木木的妈妈：对啊，我刚去买了鸽子回来，你不是想吃鸽子汤吗？

呃，要怎么解释，此疙瘩汤非彼鸽子汤呢……
头疼。

孕妇姐老是胡思乱想

虽然这样想有点不厚道，但小懒还是坚持认为，灰太狼吃不到肥羊和《西游记》里的妖精们老是吃不到唐僧肉的关键在于：非要追求人类的烹调方式，一定要弄熟了吃……

你就不会生吞么……
总比跑了强吧！

木木：孕妇姐，你到底在胡思乱想些什么呀？
小懒：……

生个孩子傻三年❤❤❤

真的是生个孩子傻三年么?

小懒在淘宝买小毛巾被，一条49块，运费8块。

买两条超一公斤，运费要收10块。

店家说你是老顾客啦，买两条运费仍然算8块吧。

拍完看店主改价格106块。

小懒非常生气。

小懒（生气）：还说是老顾客，算便宜点。哪里便宜了？欺负我数学差啊！

卖家：真的便宜了啊，您哪里觉得不便宜呢?

小懒：哼！49乘2，二九一十六，二四得八，进一刚好96，加8块运费收我104块才对！

卖家（愣住）：真给您算便宜了，可是眼下我也糊涂了，哪儿不对呢?

下个月就不活了❤❤❤

木木的妈妈，从衣柜里拿出一件衣服来，看了看，叹口气。

再看看，再叹气。

小懒：老妈，你怎么了?

木木的妈妈：没事了。

小懒：到底怎么了？你说嘛。

木木的妈妈：呃，哎，下个月不活了。

小懒（被吓到）：啊，您说什么？别吓我。

木木的妈妈（奇怪）：没有啊，为什么要吓你？我是说，下个月不活了。

小懒：……

天啊天啊，到底发生什么事情了，婆婆为什么会说出这样极端的话？

小懒非常慌张，急忙给正在上班的木木打电话，紧急求救。

木木听完小懒的讲述后——

木木（不可能）：小懒啊，你说话不要这么夸张啦。老妈怎么可能说出这种话？

小懒：不信你问问啊。快点啊，别真的出什么事。

电话响了之后，木木的妈妈接了电话。

叽里呱啦用海南话讲了一通。

两分钟后。

木木的妈妈：木木叫你听电话。

小懒（接过电话）：怎么样？

木木：我妈说，她来这里都胖了，那件衣服，下个月就不合适穿了。

小懒：那为什么我听的是……

木木：她说的是不活（合）了。她“he”“huo”不分的。

小懒：……

笨！❤❤❤

读者给小懒快递了两盒糖。

椭圆形，有机器猫造型，非常可爱。

正面有个拉环，使劲把上面的铁皮盖拉开，就能露出里面的果汁糖。

但是如果这样拉下来，实在太可惜了啊。

但也没办法，只能这么做了。

虽然挺难拉的，得费些力气。

小懒让同事帮忙，终于近乎毁灭性地把铁皮盖子拉开来，结果发现盒子底端是活动的，只要轻轻一抠，就可以推开，完全不用破坏上面的拉环……

最可气的是，两个都被小懒这么破坏掉了……

木木实在受不了了 ❤❤❤

小懒盼子心切。

很希望尽快见到小二桃儿。

可是每天胎教，只是自己说个不停。非常无趣。

顶多是小二桃儿踢妈妈一脚，以作回应，除此之外，不会再有更多的反应了。

什么时候，才能够抱抱小二桃儿亲亲小二桃儿，小二桃儿也能和爸爸妈妈讲讲话呢？

看到木木的时候，小懒灵机一动。

小懒：木木，过来，让我抱下。

木木：好（顺从地贴过来）。

小懒（不满足）：你现在假装是二桃儿，扮演下小二桃儿的角色好不好？

木木：呃……

小懒：你就体谅下我的心情吧，想想我需要怀胎十月，挺着大肚子，腿脚都肿了，身材也毁了，多辛苦啊……可是你呢，直接等着宝宝出生就行了，我太不平衡了。

木木：……

小懒（爱抚地抱着木木的头）：好了，宝宝，妈妈问你，你想对妈妈说什么话？

木木（疯了）：……

不要以为我的肚子里是……

阿姨的肚子里，有个小宝宝呢……
小懒，好像碰到那对母子后，你就不太开心啊。
呃，是不开心。
为什么？
你记不记得《蜡笔小新》里，
有一集，野原美伢怀了小葵，挺着大肚子带小新一起去产检。等红绿灯时，小新突然对站在身边的老头老太太说：“告诉你，我妈妈怀了一个小宝宝，你们可不要认为她肚子里都是大便哦！”
呃……不会吧！
我不管，你现在出去，帮我找到那个男孩，告诉他，我肚子里才不是大便呢。
我肚子里，是小宝宝！
……我去哪里找他呀？
我不管，反正我要你就找到他证明我的清白！我不想我一世英名，毁在一个几岁的男娃娃手里。
……

大鹏展翅

木木的妈妈，也就是小懒的婆婆，来到北京照顾小懒。她普通话听不懂，又不会讲。但是她在小区里交到了好多朋友。
妈妈，出去啊？
奇怪，为什么我听她说话都很费劲。为啥邻居们都能听懂呢？
这天木木的妈妈出去散步，小懒就偷偷地跟在了后面。
今晚给你媳妇做什么菜啊？
那个，那个……
嘎嘎，鸭子，鸭子的……
翅膀！
啊，我知道了，是鸭翅！
对的，没错没错，鸭汽（翅）……
……
那，
如果我们吃的是鸭腿怎么办呢？
这样就可以了啊……
……

木木小朋友吃到了越来越多的美味。

拥有着一个非常美好的快乐的耐人回味的童年。

小鸡有文化

小懒斜躺在沙发上。

木木给在妈妈肚子里的小二桃儿讲故事。

木木：从前啊，有一只鸡妈妈，她带着自己的七只小鸡去吃草。其中的小五，用小鸡爪子刨土的时候，刨啊刨啊，刨啊刨啊，突然，刨出了一条蚯蚓！

小懒：嗯？

木木：小五正想把蚯蚓吃掉，突然听到小蚯蚓说……求求你啦，别吃我，留下我的性命吧！如果你答应不吃掉我，我就帮你实现三个愿望！

小懒：哦？

木木：小五说，行。第一个愿望，我想每天都有新鲜的青草吃。小蚯蚓说，没问题，从现在开始，你选择的第一片青草地，只限你吃，永远也吃不完。小鸡说，我的第二个愿望，我要成为所有的小鸡里，最漂亮的那一只。小蚯蚓说，没问题，从现在开始，你全身上下任何一个地方，都比别的小鸡漂亮千万倍。小鸡又说，我的第三个愿望是，我要永葆青春，人类不能宰杀我。小蚯蚓说，没问题，从现在开始，你有孙悟空的石头身，谁都没法伤害你。

小懒：哎，小鸡也不过如此，要是我，就说，我的愿望是，我所有的愿望都能实现。

木木：我还没讲完呢，别插嘴。

小懒：好，你继续。

木木：小鸡讲完了自己的三个愿望后，小蚯蚓也都一一帮她实现了。于是小蚯蚓说，小鸡小鸡，你现在可以放我走了吧？结果，让小蚯蚓没想到的是……

小懒：怎么啦？

木木：……结果，小鸡居然一口叼住小蚯蚓！

小懒：哎？

木木：把小蚯蚓的一半身体吞进了自己的肚子里！

小懒：啊……这只小鸡太不讲信用了。

木木：哪有。只见小鸡把一半小蚯蚓的身体吃进肚子里以后，对剩下的一半蚯蚓身体说，我们生物老师说了，把蚯蚓分成几段，也不会死！

小懒：……

木木（开始普及生物学常识）：小二桃儿啊，你知道吗？蚯蚓是一种低等环节动物，它们的身体由两条两头尖的管子套在一起，体内有一条消化道，从头至尾贯穿在一层层的隔膜中间。蚯蚓要是被砍成两段，会形成新的细胞团将伤口闭合。这时，它体内的一部分未分化的细胞会很快被输过来，重生。体内的器官、神经系统以及血液等组织细胞，也会通过大量、快速地繁殖，迅速生长！

小懒：……

木木：所以啊，小二桃儿，今天的这个故事，说明了一个什么道理呢？

小懒：什么道理？

木木：嗯，小蚯蚓含恨眼睁睁看着自己的身体被小鸡吞进了肚子里，它在地上扭动着自己剩下的一半身体，悲愤地说——天~不怕~地~不怕，就怕~小鸡~有文化！

小懒：……

木木：小~鸡~有~文化！俺们~蚯蚓~最害怕！最呀嘛最害怕！

小懒：……

该心情已删除

小懒在QQ签名档上改了签名。

后来不知道出了什么问题，再点开时，系统提示：

该心情不存在或者已经被删除。

——要是每个人的心情，都可以这样任意处理，就好了。

公司网络维修的工作人员，不论电脑遇到什么问题，他永远只有一个答案和采取一个办法，那就是：

重装！

小懒有绝对理由相信，如果他是负责进行婚姻指导的心理医生，不论因什么问题而影响婚姻生活和情感，他必定回答：抹去记忆，重装夫妻二人的情感记忆，回到热恋阶段。

——如果记忆可以抹除的话。

去银建大厦

早上打车，要去南银大厦。

这时来了一辆属于银建出租汽车公司的出租车。

小懒和木木上了车之后，司机问："您好，去哪里？"

木木（大手一挥）：去银建（淫贱）大厦!

小懒（我不认识他，我不认识他）：……

为什么老是为难小二桃儿

早上，起床的时候。

小懒和木木同时放了一个屁。

木木：小二桃儿，你能分得清哪个是爸爸放的、哪个是妈妈放的吗？如果你猜中，算你厉害哦!

小懒：……

妈妈肚子里的小二桃儿：……

坚忍不拔的好品格

听木木的妈妈讲木木同学小时候的故事。

据说，木木小的时候，长得可爱又敦实，且非常馋。

周围的邻居们，多半是一些老头老太太们，非常喜欢他。

他们经常拿出来很多好吃的给他。

有一天，一位老爷爷对当时仅有四五岁的木木小朋友说：“只要你让爷爷咬你一口，爷爷就给你烧饼吃！”

木木小朋友郑重地点点头，说：“好！”

于是老爷爷就在木木小朋友的胳膊上，轻轻咬了一口，见他没反应，老爷爷又加大牙齿的力度，结果他还是没反应。老爷爷想了想，一边不断继续使劲，一边观察木木小朋友的表情……

最后，木木小朋友咬紧牙，绷紧胳膊上的肌肉，摆出一副英勇就义大无畏的表情——任凭老爷爷在他的胳膊上留下深深的齿痕，依然没发出一点声音。

老爷爷笑得牙都快掉下来了。

当然，他从老爷爷那里领到了一块非常美味的烧饼。

从那以后……

从那以后……

从那以后啊……

木木小朋友家附近那一整条街，开始流行啃木木小朋友的胳膊，附近的老爷爷老奶奶们带着莫大的热情纷纷在木木小朋友的胳膊上留下了深深的印记。

而木木小朋友也吃到了越来越多的美味。

拥有着一个非常美好的快乐的耐人回味的童年。

——且，木木小朋友从小就练就了漂亮而健康的肱二头肌！

——且，木木小朋友从小形成了坚忍不拔的好品格！

Orz……

去孕妇学校听课

妇产医院设置了孕妇学校，专门给新手准妈妈们上课，解惑答疑。每天都有不同的课程设置，由专门的产科医生、护士长和接生的助产士授课。讲完课之后，还可以让一个个挺着大肚子的妈妈们自由提问，由他们来解答。

这天，小懒去医院听课。

满屋子的大肚子们提了诸如“顺产好还是剖腹产好”“宝宝臀位大可以顺产吗”“头围过大怎么办啊”“为什么怀孕四个月了还没感觉到胎动呢”……之类的问题后！

小懒终于鼓起勇气，举起了手！

医生示意小懒提问。

小懒终于问了困惑已久的问题——

“请问医生：贵医院，如何避免小孩抱错的问题？”

结果满屋子的人，大笑。

护士长（深深瞥了小懒一眼）：当前的电视、电影侮辱了我们的专业水平。产妇生了宝宝后，我们会同时给妈妈和宝宝各自戴上一模一样的写上名字的塑料腕带，不会脱落，除非用剪刀剪开。

小懒：呃，这样啊。

护士长：我们每个月接生1100多个宝宝，从没抱错过。

小懒（深吸一口气）：二桃儿，你不会丢了……

护士长：看来，有很多人受电视电影影响，担心孩子会抱错啊。我在这里，很负责任地告诉大家，编剧们不负责，乱编故事。我了解的是，北京很多医院，从建院开始，几十年来，从未发生过一起宝宝抱错的案例。

小懒：哦哦哦哦，这样啊。

护士长：……请大家相信我们的专业水平，不可能宝宝生出来，我们看谁跟父母长得像，就跟发东西似的，一对父母发一个宝宝吧……

小懒：……

自问自答式

木木：小二桃儿，妈妈很懒吧？

妈妈肚子里的小二桃儿：……

木木（童声童气）：嗯，是的，爸爸，我也这么认为。

小懒：……

现在是见证奇迹的时刻 ❤❤❤

小懒走在去医院产检的路上，碰到了小区里的邻居、素不相识的老太太、保安、卖水果的小贩、抽血的护士……

来自各行各业的他们不约而同地问了小懒同一个问题：

你怀的是双胞胎吧？

好吧，小懒的肚子是大了些……她做梦也想怀双胞胎……可人人都问这样的问题……

呃，小二桃儿，不如你现在分身变成两个宝宝吧！妈妈赐予你力量！

妈妈肚子里的小二桃儿（边分身边说）：……现在是见证奇迹的时刻，请看我的变身术……

——好吧，我想多了。

别让木木看见 ❤❤❤

有一阵，小懒的血糖有点高，医生叮嘱小懒要少吃糖以及含糖的食物，并要按时抽血检测血糖值。于是，小懒戒了很多心爱的水果。

木木也如临大敌，不准小懒吃这个，不准吃那个。

后来，等到血糖值终于恢复了正常范围后，小懒碎碎念想吃菠萝，结果被木木禁止……

小懒非常不开心。

次日。

木木的爸爸妈妈去菜市场回来后，偷偷拉小懒到厨房，掏出一盘切好的菠萝说：

“快吃，别让木木看见！”

木木（突然从卧室跳出来）：好啊，有奸细！

小懒：……

你们这是歧视

不知道为什么，小懒申请信用卡，总是遭拒。

尤其是招商银行——无情地拒绝了小懒三次。

难道是小懒的户口在外地，且在招商银行没有储蓄卡的原因？

这天和同事说起，对方说：“不如你申请交通银行的信用卡吧，我前两天刚批下来，限额6万块。”

6万块啊……

好吧。

于是兴冲冲地填写了申请表。

一个月后。

小懒收到信用卡，限额……限额2000块。

小懒受到了伤害。

致电交通银行，对话如下——

小懒：我要销卡。

交通银行：为什么？

小懒：因为你们的限额侮辱了我。

交通银行：您可以长期使用再申请增加限额。

小懒：对不起，我无法容忍你们长期侮辱我……

交通银行：……

谈心失败

为了纠正小懒老是乱花钱的毛病。

木木决定和小懒谈心。

木木：我发现只有我一个人省是省不下钱来的，得两个人一起省。

小懒：我发现一个人花钱是不痛快的，得两个人一起花。

木木：……

谁在和小二桃儿玩

晚上小二桃儿喜欢在妈妈肚子里动。

小懒躺在沙发上的时候，肚子上一会儿鼓起大包，一会儿突出一角，一会儿小动物搬家似的偷偷挪动。

小懒用手摸下，叽里咕噜的，好可爱。

突出一角的时候，小懒就……用手抓，二桃儿好像呆住了，马上就跑了……

过一会儿，又试探性地伸出来，被小懒一抓，又跑了……

如此反复，小懒玩得乐此不疲。

——不过，二桃儿知道是谁在跟他/她玩么？

如果小二桃儿考试不及格

随着临产期越来越近，小懒很焦虑。

睡不好。

吃不好。

心情也不好。

木木：小懒，你要淡定，我会一直陪在你身边的。

小懒：可是……可是……其实不仅仅是生宝宝的问题啊，我现在更担心的，是抚育的问题。

木木（疑惑地）：抚育？

小懒：对啊对啊……抚养和教育，尤其是教育……责任重大啊。比如说，我现在想的就是，假如小二桃儿上学了，考试不及格，回来后，怎么教育呢？话说重了吧，人家说现在的小孩自尊心可强了，闹不好还离家出走什么的，可是你要是不说呢，变本加厉，再考不及格怎么办？

木木（思索）：嗯，我看这样，你就别操心了，教育的事情，交给我。

小懒：交给你？那我怎么放心啊？这样吧，就当这是一道考题，如果小二桃儿考试不及格，我问你，你怎么说？

木木：很简单，我就说，小二桃儿，你给我过来！（语气严厉）你怎么能像你妈呢？她上学就不好好学习，数学很少及格，至于物理化学更是从来没上过40分。你不能学她。你要学爸爸……爸爸当年可是全市高考第十一名！一个人见人爱的好学生！

小懒：……

九十九朵玫瑰

小懒的生日。

木木说去外面吃饭。

——也没啥新意。

早上，6点多，还很早，木木就非常奇怪地要小懒早点起床。

小懒（很生气）：讨厌，我还没睡够呢。

木木轻轻退下。

蒙眬睡过去。

7点。

木木：小懒，快点起床吧。

小懒（发火）：起你个头起，你没看到我在睡觉吗？烦死了。

木木无奈转身退出房间。

8点。

木木（执著地）：小懒，快点起床吧。

小懒（忍无可忍）：滚！

木木：……

9点。

木木：老婆你起床吧，刚才有快递公司打电话，说有你的快件。

小懒（从床上蹦起来，大吼）：还让不让人睡觉了！！！……木木，你#%%#……Y^&^&！！！

木木：……

但还是起了。

不起的话，执著木，还是会时不时叫上一叫。索性不睡了。

一会儿，门铃响了。

木木妈妈在做饭。

木木爸爸出去买菜了。

木木——哎，刚才不是还在客厅么，怎么门铃响了，突然闪身进了厕所？

小懒（冲着木木咆哮）：你个懒蛋，连开门都不乐意！！！

一开门，哎，快递人员捧着由满天星环绕的九十九朵玫瑰大花束站在面前……

木木的妈妈：这是谁送的啊？

木木（难为情地）：呃，可能是小懒的爱慕者送的。

木木的妈妈：哦哦哦哦，结婚的人了，要生娃的人了，还有爱慕者啊……

小懒（偶尔也温柔下）：你什么时候订的花？

木木：上周四订的。

小懒：你这个小喇叭，守着秘密坚持了四天，有没有憋出内伤？

木木：憋啊，憋得实在不行了，尤其是今天早上你骂我的时候，现在，总算解脱了……

小懒（咆哮）：你就不能在我上班的时候送我花吗……现在就老爸老妈看到，一点虚荣感和成就感都没有！

木木（默默）：……

木木今日心得：做男人真辛苦！

小懒今日心得：以后要对木木温柔！

我就是不喜欢你

作为一名作者，其实绝大多数人都会担心自己的书销路不好。

说不担心，说不害怕，都是假的。

如果真的不担心，那干脆封锁在抽屉里，一直囤在电脑里，给自己看就行了。

干吗要出版？

说白了，还是为读者大众提供阅读的。

小懒也不例外。

因此，时常患得患失。

可是那天看电视，刚好看到郭德纲在作《三笑之才子佳人》的宣传，有记者问道："假如拍的东西，观众不买账怎么办？"

——是啊，如果你写的书，读者不买账怎么办呢？

听到郭德纲的回答后，小懒开始释然。

——“任何一种表演形式，都不可能被每个人喜欢，就算是你花3.5亿拍个东西出来，观众说：‘我就是不喜欢，有本事你弄死我！’你能怎么办？”

大笑。

——所以，就算有读者说“我不喜欢你”又能怎么样呢？专注写好自己的文字，让能够读懂自己的表达并且喜欢的读者觉得，“果然没有辜负我对她的喜欢啊”。

就好了。

小猴子木木同学

木木同学去逛世博。

走累了，在椅子上歇脚。

走过来一个上海老太太，在他对面坐下。

过了一会儿，她操着上海口音问：小猴（伙）子，中国馆好看不啦？

木木：嗯，挺好看，就是排队太久，建议您不要去排。

老太太：小猴（伙）子，你们都看了哪几个馆的啦？

木木：没几个，人太多，专看不用排队的亚非拉馆。

老太太：小猴（伙）子……

木木：@%&**（&%

老太太：小猴（伙）子……

木木同学，就这样被这个老太太一连问了十几个“小猴子”。

木木讨厌去上培训课

木木公司要求每位员工定期培训。

早上木木出门前高高兴兴的，但是到了晚上回来，却很不开心。

小懒：木木你怎么了？

木木：没事。

小懒：到底怎么了？说出来我帮你分担下。

木木（犹豫地）：小懒，我的普通话，真的那么差吗？

小懒：呃，还好吧，怎么了？

木木：今天培训，作了个心理测验，大家要互相交换测试卷。

小懒：这又怎么了？怎么交换，哦，是不是像考试那样还要写上自己的姓名？

木木：是啊。不过不用写真实姓名，用网名就可以了。

小懒：哦，然后呢？

木木：结果我拿到了一个名为“出出”的人的测试卷。

小懒：出出？这个名字真奇怪哎。

木木：不是出出，是——出出饿。

小懒：就是出出啊。

木木：……你看着我的舌头，是出出饿。

小懒：……好奇怪。

木木（被逼无奈）：我去拿支笔。

木木拿过一支笔，在纸上一笔一画地写下：

蛐蛐。

小懒：呃，原来是蛐蛐儿啊。

木木：对的，就是出出饿。

小懒：……呃，跟我学，蛐——蛐——儿！

木木（张大嘴巴）：出——出——饿！

小懒：……q—ü—qu，蛐——蛐——儿！

木木（生气）：……我讨厌你！我讨厌上培训课！

小懒：哎，你不要没耐心啊。

木木：我今天上培训课，培训老师就是这么纠正我的，足足有十分钟。

小懒：……

木木（很受伤）：大家全都看着我，糗死了。我以后再也不要去上培训课了。

小懒：……

长大了不许挑食

小懒打车回家的时候，刚拉开车门，迈下一条腿，突然觉得软乎乎的。借着昏暗的路灯，发现是一只肥嘟嘟的灰猫。黑灰相间，也不叫，在她的裤腿上蹭。

小懒清楚，小区里是有很多流浪猫的，只是冬天到了之后，似乎一夜之间，它们便销声匿迹了。

而猫是非常"独"的动物，一般来说，相对于狗，它是很少黏人的，更别提主动接近人类了。

小懒自从离开家乡，来到北京，便很少有小动物对她做出如此亲密的举动。

小心地下了车，想了一会儿，觉得它或许是饿了，正要进单元楼给它准备点吃的，后面来了两个女生，看到这只流浪猫，边走边议论："前几天，小区收废品的逮走了好几只猫，不知道是去卖，还是……"

另一女生接道："唉，真可怜。"

两人边说边摇头，接着按了电梯。

小懒跟着不发一言地进了电梯，开门，在冰箱里找了半天，似乎只有昨天从一家清真店里买来的两个馒头，比较适合——其实还真有点舍不得，小懒是喜欢吃面食的，尤其是那家清真店做的馒头，松软至极，口感非常好，只是每次要走很长一段路过去。不过，家里又没有熟食，只好拿走这俩馒头了。

在微波炉里加热了一分钟，刚刚好，有点烫手，估计拿下去，刚好给它吃。

于是衣服也没换，锁好门，又下了电梯。走出单元楼，发现那只猫果然还在，小懒小心地蹲下，撕下一小块馒头，放在它的嘴边。

结果，它伤害了小懒……

它只是闻了闻，叫了两声，不肯吃。

再撕下一小块，扔到它脚边，依然是闻了闻，不肯吃，接着用很执著的可怜巴巴的目光看着小懒……

小懒陷入了非常尴尬的境地……这时，出来了一位女士，看看小懒，又看看猫，从口袋里掏出了几块肉干，扔到它的脚下。

那猫的叫声突然非常响亮，接着几乎是用吞的方式，吃了下去。

那位女士因为还有同伴，先走了。

剩下小懒和灰猫，两两相望……

它吃完了脚下的肉干，又开始可怜巴巴地看小懒……

无奈。

于是小懒去超市买了两根火腿肠。怕它冷，把它叫到了单元楼里面，它吃了一口，但是这时有人从电梯里出来，它突然飞快地跑到门外，凄切地叫着，任小懒怎么叫它，也不肯过来。

小懒只好把火腿肠拿到外面的角落，它这才放心地吃起来。

看着它把一整根粗粗的火腿肠吃完，小懒拎着被撕了几块的馒头，回到家里。

——那么，今天，给二桃儿的胎教是：

第一，看到流浪猫，能做点事情，就去做。做一点，是一点。

第二，长大了不许挑食！！！！！！！！！！！！！！！！！！！！！

Orz……

放屁的功力❤❤❤

木木陪小懒去散步。

走了几步。

小懒突然停下来。

小懒：木木，那个，你等下，先别走。

木木：你要干吗？

小懒：嗯，我想放个屁。

木木：……放屁就放屁呗，干吗非要站住不动啊？

小懒（神情专注地）：站住不动，才能放出来啊。

木木（一边走路一边摇头）：哎，你还是不行，道行不够，你要像我，一边走路一边放屁才行。

小懒：……

木木：这样还能节约时间！

小懒：……

谢谢打赏❤❤❤

《羊城晚报》转载了小懒在杂志上发表过的一篇名为《天道酬勤是骗人的鬼把戏》的文章，但把题目改为《爱情从来不会天道酬勤》。

编辑姐姐既认识小懒，也认识木木，不知怎么，把转载费汇到了木木那里。

木木：收到《羊城晚报》汇给你的稿费了。

小懒（大方地）：赏给你了，当这个月你的包养费吧。

木木（配合地鞠躬，又作揖）：谢谢打赏！

小懒：……

冬天的时候，老板要对员工格外温柔 ❤❤❤

小懒觉得，冬天的时候，老板应该要对员工好一点。

大冷的天儿，从被窝里爬起来就需要很大的决心和勇气，如果老板再对员工不好，噼里啪啦的，得多少人辞职啊……

一到冬天，辞职之心就蠢蠢欲动。

你要罩着我啊 ❤❤❤

在北京搬过那么多次家，最舍不得小懒的，当属小区附近的水果摊老板。

小懒总是很快便和他们打成一片。

嗯嗯，没带钱？没关系，您先欠着。

东西太重拎不动？没关系，我帮您送到家。

什么，今天不想出来？没关系，您都要什么？我送货上门。

周日带着木木逛水果市场，让木木见识了下。

什么叫受欢迎——大家一个个对小懒热情得有如他乡遇故知。

木木自己去逛，就是另外一番情形了。连价格都比小懒问的贵上好几块。

木木（颠儿颠儿跑回小懒身边）：以后你要罩着我啊，老婆！

小懒：……

孕妇姐好辛苦❤❤❤

小懒偷偷吃了五斤山竹。

完事后，把果皮啊核之类单独放到一个袋子里，埋到家里垃圾袋的最深处……

怀着小心翼翼的心情，希望不会被发觉。

因为为了保证宝宝的健康，木木限制小懒的衣食住行，并进行全方位监督。

吃点东西都得汇报、请示，偷偷摸摸的……

孕妇姐容易么？

小二桃儿很快要出生了❤❤❤

小二桃儿，还有两周，就要出生了。

小懒和木木整天商议着，学名，起什么好呢？

小懒：给二桃儿起四个字的名字吧，避免重名，还雅而不俗，寓意深远。我曾经有个朋友，她女儿就是起了四个字的名字，我特别喜欢，一直记得，叫何水清清。你瞧瞧人家这名字。

木木：好听倒好听，但是我觉得没必要。起四个字的，麻烦太多，而且还有可能，影响小二桃儿的命运，扯他的后腿啊。

小懒：扯后腿？怎么说？

木木：你想啊，比起名字是两个字、三个字的小朋友，如果考试，写自己名字的时候，就会差二十几秒的答题时间呢！比如王一之类的，你看看人家，名字多简单，写的时候也够快。

小懒：呃，不会就差这么一点吧。能快多少啊？撑死了二十秒。

木木：可是，万一咱们二桃儿考试考了59分，就因为这二十几秒，人生大事全耽误了。

小懒：……可是人生能有几次考试呢，不就是学生时代吗？

木木：但是人生中绝大多数关键时刻，都是考试啊。

小懒（貌似有点道理哎）：……

好喜欢孟非

看《非诚勿扰》。

主持人孟非说："人一辈子不可能永不妥协的。在我不长的人生里我曾经妥协过无数次。每妥协一次，我就进步一点。每当我不妥协的时候，我就死得很难看。"

这句话——说得太牛了！

小懒，就是一直没有学会妥协，所以总是撞得头破血流。

这真不是件好事情。

咱家钱都哪里去了

周末。

小懒和木木倒在床上睡懒觉。

小懒突然坐起来。

小懒：木木，你说，如果将来小二桃儿长大了，乱花钱，怎么办啊？

木木：别给就行了。

小懒：那万一小二桃儿哭闹着非得要，咋办啊？万一他/她在地上打滚儿怎么办啊？

木木：……咱们家的孩子，是啥毛病啊？

小懒：小孩子赖皮不都是这样吗？

木木：所以，你小时候是这样？

小懒：没有了，我只是假设而已。

木木：……如果二桃儿这样，我就跟二桃儿说：“咱家钱，都被你妈买水果和买肉吃了，哪里有多余的钱，给你呀？”

小懒：……

开心

小懒晚上做梦，梦到自己坐电梯时突然电梯坏掉，一落千丈……

今天坐电梯的时候，果然……

哈哈哈，没事！

开心！

木木：你为这点事开心，是不是有点那个了？

小懒：难道我要为自己没发生什么事情痛哭流涕么……

木木：……

折中的办法

小懒同木木交流小二桃儿将来的教育问题。

小懒：木木啊，我想清楚了，等将来小二桃儿出生，上学，关于他的教育问题，咱俩要一个人扮演白脸，一个人扮演黑脸啊。这样，才能收到事半功倍的效果，还不伤感情。

木木：你的意思，就是我长得黑，让我扮演黑脸呗？

小懒：呃，倒也不是，随便你选吧，我都无所谓。反正到时候一个人批评，一个人控制场面和氛围，我要打巴掌，你就给甜枣吃！比如说，小二桃儿上课不认真听讲，老走神，然后学习成绩差，怎么办？

木木：这样啊，我就跟小二桃儿讲，你妈……你妈上课的时候，走神是很专心的。你爸就……

小懒（打断）：走神……很专心？你能不能不要老是这一套啊？动不动就拿我做反面教材，你得维护我在孩子心目中的形象啊，哪有你这样教育小孩的？

木木：可是我们得尊重历史吧？

小懒：我不管，反正以后小二桃儿出生后，要让他知道，爸爸妈妈上学时学习都超好的……

木木：你这不是骗人的么？

小懒：这是善意的欺骗，不叫骗人。

木木：我懂了。不过，我想出了一个折中的办法，既不骗人，又可以起到教育的作用。

小懒：什么折中的办法？

木木：我教育小二桃儿的时候，压根就不提你。我会同小二桃儿说，在咱们家，你要学习爸爸，只有爸爸，才是你的好榜样。爸爸上课时就很好，爸爸学习成绩就很好，爸爸一直是个成绩优异的好学生。咱可以选择回避啊……咱就是不提你，这总行了吧？

小懒：……

坚忍不拔的好品格

只要你让爷爷咬你一口，
爷爷就给你烧饼吃！
好！
从那以后……
木木小朋友家附近的老爷爷老奶奶们，开始流行啃木木小朋友的胳膊。
而木木小朋友也吃到了越来越多的美味。
拥有着一个非常美好的快乐的耐人回味的童年。
一一且，木木小朋友从小就练就了漂亮而健康的肱二头肌！
一一且，木木小朋友从小形成了坚忍不拔的好品格！
Orz……

放屁的功力

木木，
那个，
你等下，先别走。
那个，
你要干吗？
嗯，
我想放个屁。
……放屁就放屁呗，干吗非要站住不动啊？
站住不动，才能放出来啊。
哎。
你还是不行，道行不够，
你要像我，
一边走路一边放屁才行。
……
这样还能节约时间！

你会迎来世界上最美好的回报。

我不要脸我不要脸

木木做了新发型，回到家，喜滋滋地问小懒——

木木：小懒，帅不？

小懒（打量）：嗯，蛮帅的。

木木：欧也！

小懒（挑逗地）：来，过来，让大爷亲一口！

木木（乖乖凑过脸）：嗯！

小懒：把脸挪走，我想亲的是嘴巴。

木木：什么？

小懒（生气）：我说，我不要脸我不要脸我不要脸，我要亲嘴巴！

木木（佯装不懂）：你说什么？再重复一遍。

小懒（生气）：我不要脸我不要脸我不要脸……

木木：什么，大点声！

小懒：我不要脸我不要脸我不要脸……

木木：再说一遍。

小懒（仍未察觉，不耐烦，咆哮）：我不要脸我不要脸我不要脸……我不要脸我不要脸我不要脸……

木木：我基本同意你对自己的判断。

小懒：……

木木语录

电视里卡酷频道在放《喜羊羊和灰太狼》

木木（突然地）：灰太狼最没有信用了，每次答应给老婆羊肉吃，一次都没兑现……

小懒：哦?

木木：承诺给老婆的，一定要实现，嫁人不能嫁灰太狼。

小懒（拍拍木木的头）：乖。

木木：……

小二桃儿有大将风范

二桃儿过了预产期，依然没发动。

晚上，木木决定找二桃儿谈谈。

木木：二桃儿，快出来吧，这个世界可美好了，爸爸妈妈每天都陪你。

二桃儿（没动静）：……

木木：不是吓你，再不出来，就揍你，打得妈妈都不认识你。

二桃儿（没动静）：……

眼见二桃儿一直沉默——

木木：哎，二桃儿不受引诱、不怕威胁、不惧恐吓，真沉得住气，有大将风范，不愧是我的崽啊！

小懒：……

带枪来的

在网上看到一则段子。大笑。

“从今天起我老婆就要跟别的男人睡了，我还得好吃好喝低声下气地伺候着。没办法呀，他带枪来的。”

——据说是生了儿子后告知亲朋好友的短信。

实在不行就姐弟恋，兄妹恋

周围认识的好几个人都生了虎宝宝，并且，百分之九十五以上都是男孩。

小懒：我好希望二桃儿是女孩啊，今年生男孩的这么多，如果二桃儿也是男孩，将来找女朋友太难了。

木木：你傻呀！谁说找女朋友必须同岁啊，不会找小妹妹或者大姐姐啊……

好像是这样哦。

^_^

——不过，是不是，又想太多想太远了？

小群仔（二桃儿）出生记

这篇出生记，写得长了些。

可能会有些人看得不耐烦，或者并不喜欢。

本来也不太想把整个分娩过程写下来放在《全世爱Ⅲ·家有虎崽》里，但后来经过慎重考虑，还是收了进来。

因为这对小懒来说，意义重大。

而现在正在看这段文字的你们，或许身为人子的更多些，并不太可能理解小懒当时的心情。没有关系，或许看过后，你能够体会妈妈生你时的艰难过程，对母爱，可能会有不同的理解和认识。

也或许，很快很快，你或者你的爱人，也会生下你们的小宝贝，到那时，你回想起这段文字，可能会和我一样难忘、激动甚至流泪。

如果不论怎样，你都不喜欢，那么，请跳过这篇。

顺产，还是剖腹产？

小懒怀孕三十九周产检时，B超估重小二桃儿七斤六两，顺产条件不太好，腰椎间盘突出，散步走个半小时就疼得不行，同时，腹肌分散。所以在剖腹还是顺产的选择上一直犹豫不决。

要知道，妇产医院是严格控制剖腹产比例的。除非孕妇有足够说得过去的理由，比如生产条件不好胎儿头太大、臀位（就是宝宝小屁屁朝下）、妈妈骨盆太小之类，或者——你有熟人，产科医生才会给你开剖腹产的条子，否则医院会给产科医生降级或者罚款。

鉴于小懒的身体情况，医生已经建议剖腹，但小懒犹豫很久，最终还是决定顺产。

可能到现在连木木都不知道小懒最后选择顺产，是因为小懒在各大妈妈论坛看到好多妈妈们写的生宝宝的帖子得知：

如果顺产，小婴儿生出来后，量完各项指标，大夫就直接把刚出生的光溜溜的小婴儿贴放在妈妈的怀里。

从妈妈的肚肚里出生的小婴儿，来到这个世界上，是非常没有安全感的，而妈妈的心跳声是小婴儿最为熟悉的东西，所以如果把小婴儿放在妈妈的怀里时，他会有足够的安全感，并得到莫大的安慰。

而剖腹产，却因为伤口极度疼痛等问题，不能有这种待遇。

且剖腹产要打麻药，生完小婴儿后因为麻醉的关系，两三天都会昏沉沉，同时因为伤口疼也不会有心情照顾小婴儿。

可是，那是小懒的宝宝啊，小懒受不了不能在第一时间亲密接触宝宝。

一个女人生孩子，不就那么一次么？

所以小懒决定顺产。

握拳！要加油哦！

↖(^ω^)↗

小二桃儿发动了❤❤❤

（普及生小婴儿小常识：当孕妇见红或者破水，就意味着小婴儿要发动了，一般来说小婴儿在妈妈肚子里满三十六周不超过四十二周，都算作是正常出生。发动后，妈妈的宫颈开二指后，送到待产室，等开十指后就可以送独立的分娩室，正式迎接宝宝的出生。）

终于到了2010年7月6日。

夜里11点半，小懒刚躺在床上没多久，小二桃儿突然发动了，抑制住内心的紧张和兴奋，赶紧收拾东西，叫上木木、木木的爸爸妈妈，拿好行李箱，直奔妇产医院。

深夜12点多到了医院急诊，医生给小懒戴上氧气罩，挂上胎心监护，把小懒包裹得像个大粽子，又抽血，好一番折腾。

凌晨1点多，小懒开始感觉到不断增强的疼痛，内心深处的恐惧感呈十倍百倍地增长，总是担心小二桃儿不能正常出生，于是频频叫木木找护士小姐……

护士小姐受不了了，周围的人也在笑话木木。

最后护士小姐说："等你老婆疼到打滚儿再来找我。"

据说当时木木同学愣了愣，然后慢慢地说："在我眼里，她已经疼得打滚儿了啊。"

清晨5点半的时候，护士检查小懒的身体，说可以送10楼的待产室了。于是小懒被推到轮椅上，换上医院发的肥大的病号服，送到10楼的待产室。与此同时所有东西都被没收了，手机也不让带，据说是为了防辐射，家属也不让进……更别提什么待产包、补充能量的巧克力之类了。

——那可是小懒几个月前准备的能量啊！

10楼的待产室大概躺了十来个孕妇，奇怪的是，大家都无声地躺着，没有一个人因为疼痛而喊出声……

妈妈咪呀，难道你们都不疼么？

——还是说，所有躺在这里的孕妇姐姐们，都是非常矜持气质高贵的大家闺秀出身？就算是有人用刀一点一点切割身上的肉，也微微一笑，绝对不喊疼来不骂娘？

这可不是一件好事情。

因为，一会儿如果太疼，就算是仅仅出于发泄的目的，小懒也是肯定会喊出声的。

可是如果满屋子，只有自己一个人喊，会不会太矫情了？会不会太丢脸了呢……会不会让人觉得自己是骆驼群里的羊，鹤群里的鸡呢？

真让人焦虑啊！

小懒忧心忡忡地想着，一边忍住疼痛，一边四下打量周围的孕妇。

与此同时，小懒疼得越来越厉害，用“汗如雨下”来形容，一点也不夸张，甚至能听到汗水流下来砸在地上的声音。只觉得自己身上的水分都要流干了，像是四肢百骸要分裂一般……

——偏偏这时不让家属陪伴。

木木啊，你在哪儿啊……你的亲人在呼唤你，呼唤你……重复一百遍！

——偏偏这时又要应付一堆检查。

小懒疼得受不了了，决定——豁出去了，再也顾不得周围人不叫的静默环境！！！

老子再也不和你们这帮人一起，假装矜持了……

终于，小懒大声喊出声：“太疼了……太疼了，我要上无痛！”

（普及小婴儿出生小知识：所谓无痛，在医学上称为分娩镇痛，目前国际医学界应用最广泛的方式是由麻醉医师从脊椎外层的硬膜注射麻醉药，使产妇在骨盆腔肌肉放松、产痛减少八九成的情况下，头脑清醒，活动正常，较为轻松地完成分娩过程。但在北京很多医院，会严格控制打无痛的比例，因为貌似打了麻醉，孕妇没有知觉有可能会影响生产进程，并有可能根据人体质的不同引发一系列后遗症。）

——“上无痛”小懒喊了无数次，没人理会……

没多久有人端了面条和粥、馒头过来，叫大家吃……老子都疼这么厉害了，怎么可能吃啊？这跟失火的时候你不帮忙救火，反而塞给我一块烧饼，有什么区别？

可护士小姐说：“反正你不吃，一会儿就没力气生……”无奈之下小懒拉住她，像是拉住救命稻草，说：“求求你了，我疼得真的很厉害，我要上无痛。”

护士小姐说：“行，我给你联系下。”然后就走了……

过了半个小时左右，她说麻醉师去做手术了，一会儿就来……

又过了十几分钟，她说麻醉师刚下手术台，很快就来……

再过了二十几分钟，她说麻醉师下了手术台很累，去吃饭了，吃完就来……

再再过了十几分钟，她说麻醉师在收拾药箱，就来了……

再再再过了十几分钟，她说麻醉师已经在路上了……

╰_╯

小懒心凉了：我靠，我知道的，我看过帖子的，他们就是不想给你上无痛！！！！！！！！！！！！！！他们觉得你能挺过去，他们要降低打无痛分娩的比例……

可是小懒疼得，已经说不出话，觉得自己快要死掉了，依然没人理会。

几个护士就在一边聊天，完全无视……

这时护士又要小懒接尿检查尿常规。小懒表示已经疼得动不了了，护士说那也得查。

于是小懒一个人忍着莫大的疼痛，默默爬起来，去洗手间。洗手间并不远，就在待产室里，走大概几米远吧，却仿佛有着天涯般的距离。

一点点挪过去，在洗手间里，待了半天，一点尿意也没有，倒是想便便，但又便不出……只好又慢慢一点点挪回去。

挂在墙上的钟，已经7点半了。

痛感已经远远超出小懒的底线，只好哀求护士给检查下。

但是没人理小懒，继续说了几次，有个护士说："多检查对你身体不好。"

真是欲哭无泪啊。

这时，小懒想起论坛里有个姐妹写的，想要便便，就是开全了，宝宝很快就能出生了，大喊"我要便便我要便便"，他们就会来检查。

于是小懒大声喊："我要便便~~~~我要便便便便！！！"

结果还是没人理……

%>_<%

周围的孕妇谁都不喊，静静地躺着……那一刹那，小懒有点鄙视自己了，可是可是……真的不行了啊。

终于有个护士小姐不忍，说："我帮你检查吧。"

结果检查完，她说："快送分娩室！"

……那一刻，眼泪差点下来，天啊，可以去分娩室了么？

接着另外一个护士过来，不相信地说："不可能这么快，我检查下。"结果她一边检查一边说，"快送分娩室……"

然后整个待产室都安静了……因为小懒是最晚送进待产室的，但居然是最先送到分娩室的。所有的目光扫向小懒，那叫一个羡慕忌妒恨，而适才小懒因为疼痛大喊大叫时的不好意思、羞愧、疯狂、崩溃等各种复杂的心理活动，全部荡然无存——

哼，老子叫，是因为老子快呀！

你们就蜗牛晒太阳慢慢来吧……

老子想唱歌，想唱歌！

"一条~大河~波~浪宽~（疼）……风~吹~稻花~香~两岸（真疼）……起~来，不愿做~奴隶的人们（太TMD疼了）……解放区的~天……（嘘，倒抽一口冷气）orz……阿门~阿前~一棵~葡萄树……门前~大桥下，游过~一群鸭（太TMD疼了乘以100……）……"

这时，护士小姐居然说："好了好了，你看，你看，你多厉害呀，没打无痛都开全了，其他人比你早送进来好几个小时呢，也没见动静。你很棒的，快去分娩室吧……"

——真不想理她。

但是她幽幽地问了一句：“分娩室需要老公陪么？”

点头点头点头！！！

终于，小懒被推进了单独的分娩室。

其实小懒后来才明白，为什么护士们不理她……第一是她们从事这个职业，见了太多孕妇生小孩，早就麻木了，孕妇喊疼，在她们眼里，同在KTV里唱歌没啥区别……第二是不相信小懒那么快，一般来说从有宫缩到十指全开送到分娩室需要11～12个小时；第三是因为7点半到8点，正值护士们交班之际，如果把小懒交给接班的，她们就什么都不用管了，也用不着写什么复杂的医疗报告之类、病历之类的……可以省却很多麻烦事。

~~>_<~~

小二桃儿出生啦

到了分娩室，小懒几乎疼得站立不稳，那时木木还没有进来，孤立无援之际忍受着越发猛烈的疼痛，抬头看到墙上贴着很多幅婴儿的画像，有着各种可爱的表情，忍不住喊出声：“小二桃儿，和妈妈一起加油，帮帮妈妈。”

眼泪总算忍住没有掉下来。

不一会儿，木木穿着消毒服之类的进来了。

——亲人啊……你可来了……

: :>_<: :

接着进来两个助产士，说：“你要使劲就使劲……然后就等……”

她们教小懒憋住气，一口气使三次劲……接着医生们浩浩荡荡地来了……作完了例行检查，房间里剩下大概五六个人，说小婴儿在妈妈的肚子里，头还高着，离生早着呢，“配合我们使劲就行”，又挂上氧气瓶。

其实这时候，还是很疼，可是小懒记得一本书里写的，当过于疼痛而无法忍受时，要记得：

疼痛一定会停止的。不论多疼，一定会停止。

一旦停止，你就会迎来世界上最美好的回报。

木木在旁边给小懒加油，他带来了小懒的口粮，巧克力啊、纯果汁啊，不断往小懒嘴巴里扔……小懒也默默使着劲，助产士们也不断鼓励小懒，“你真棒，对了，非常好，加油！！！！！！！！！！”

分娩室真的比待产室待遇好很多啊，待产室是寒冬腊月，分娩室就是明媚春天，在他们的鼓励下，不知道过了多久，护士们围过来，说可以准备接生了。

终于……

呼啦一下，随着“哇”的一声，小二桃儿出来了。

护士用油布擦干净，称了体重，作了检查，医生说，是非常健康的宝宝，重七斤七两。

小懒（有气无力地）：医生，我能问个问题吗……

医生（正在给小二桃儿作检查）：什么问题？

小懒：呃，那个，宝宝，手脚都齐全吗（就是无法相信自己居然真的把小二桃儿顺产出来呀）……

医生（沉默下）：嗯，当然（这个妈妈脑子里在想什么）。

接着，护士把小二桃儿抱到小懒眼前，她说：“看，是个男孩。手上还有胎记呢。”

果然是很特别的胎记，青色的，如同小蘑菇般大小的胎记——嗯，小懒紧张的神经当下松弛下来，就算是护士给抱错了，咱也能找回来。

小二桃儿，你丢不了的。

接着把宝宝放到小懒怀里，这个肉肉的小东西在小懒身上蠕动着，不哭也不闹。

——那一刻，真的，之前有什么疼痛再也记不得了，因为，小懒迎来了世界上最美好的回报。

木木给亲朋好友们发了短信：

2010年7月7日上午，小二桃儿在北京妇产医院出生。重七斤七两。

母子平安。

小二桃儿的第一次专家会诊

小二桃儿出生后的第二天，左腿上突然多了六七个小红点，歪歪地排列着，颇为壮观。

起初小懒以为是蚊子咬的，并没太在意。

不料儿科大夫进行例行查房的时候，见状大惊，说从医十几年，从未见过此情况，建议专家会诊，只是会诊费需要500块。

这时候谁还顾得上钱啊？小懒急忙说请。

结果，五位白发苍苍的老专家会诊后，一女专家告诉小懒：

“经过会诊，我们一致认为，这是蚊子咬的。”

小懒：……

小二桃儿改名了

今天起，小二桃儿的小名正式改为群仔。

由一位非常有缘的佛家居士所起：

群，由“君”字和“羊”字组成，宝宝属虎，寓意君子虎入羊群，所有一切，收入囊中（很拽很霸气吧）。

(^_^)/~~

那么，群仔仔，要健康成长哦。

小二桃儿这个名字，依然会是木木和小懒的最爱。

——其实，那么坚定地把二桃儿的名字改为群仔，除此之外，主要原因，是木木的爸爸妈妈，也就是二桃儿的爷爷奶奶非常差的普通话。

他们每次叫二桃儿，都会喊：

恶头啊！

恶头啊！

恶头啊！

恶头啊！

恶头啊！

……

在小懒纠正他们很久很久很久……未果之后。

头疼。

——所以，纵然叫了那么久的二桃儿，眼下改为小群仔还是会有些不舍，虽然爷爷奶奶叫群仔会叫成“俊崽”……

最终还是叫群仔吧。

——喜欢“二桃儿”这个名字的人，你们会懂我吧。

会懂的。

Orz

木木对小群仔说的第一句话❤❤❤

木木见到小群仔后，说的第一句话是什么呢？

在小群仔还没有出生的时候。

木木同学曾经自编自创了一则一只黑蚂蚁历险记的故事，那则故事，几乎成了“一千零一夜”了。

每天晚上睡觉前，木木上班工作累了一天，讲不到五分钟，就睡着了……人家小群仔爹爹辛苦了一整天，小懒哪里还忍心再叫醒他……

可怜的小群仔，每天听到爸爸说：

今天，黑蚂蚁被大风吹到了大海里（木木睡着了，明天接着讲）……

今天，黑蚂蚁飘到了一片树叶上（木木睡着了，明天接着讲）……

第三天，黑蚂蚁借着东风漂上了岸，觉得饿了，煮了一碗面（木木睡着了，明天接着讲）……

于是就，明日复明日了……

这个小黑蚂蚁，喜欢旅游，它的愿望是游遍祖国的大好河山，它得到了很多好心“人”的帮助：有时候是一阵风，有时候是飞禽，比如小燕子老鹰什么的啦，它们总能把小黑蚂蚁带到它想去的地方。今天是云南，过几天是西藏，然后是四川……

……

这跟小群仔出生后，木木对他说的第一句话有什么关系呢？

答案就是：

在分娩室里，小群仔从妈妈肚子里钻出来，被医生放在妈妈的怀里时，一边的木木凑过来，小懒听到：

木木（非常突兀地）：今天啊，这个小黑蚂蚁来到了北京……于是啊……

小懒：话说，你就不能说句“嘿，小宝贝，你好，我是爸爸”或者“啊，老婆，你辛苦了”“我会好好爱你和我们的小宝贝的”……之类的话么？

男人到底用什么思考啊！？

老担心有人狸猫换太子❤❤❤

住院期间，刚生完宝宝，身体虚弱无力。

病床上有个呼叫器，为了方便护士进来照顾宝宝和产妇，因此病房也不能锁门，便于护士进出。

小懒总是睡不着。

一是生完小婴儿，还处于极度的兴奋中。二是整个楼道里都是刚出生的小婴儿哭泣的声音，间或夹杂着此起彼伏的呼噜声，嘈杂得无法入睡。三是……三是担心有人进来把孩子抱走，狸猫换太子什么滴……

于是整晚都无法入睡。

——我果然是又想多了啊。

夸奖或批评，都听不得❤❤❤

有读者留言给小懒。

读者：如果以后要听读者反馈的话就请问我吧！我应该能代表一部分人，我是青少年。

小懒：如果只是过来批评写得如何不好的，那就算了。

读者：……

小懒：批评容易打击作者写稿的积极性，影响作者写作心情及精神面貌，影响稿子进度。

读者：那表扬总可以吧？

小懒：表扬会让作者驰骋在被赞美的海洋里，不停冒泡，影响作者写作心情及精神面貌，影响稿子进度……

读者：……

蛾子，儿子，傻傻分不清楚❤❤❤

自从小群仔出生后，每天晚上，木木下班回到家，总会第一时间奔到卧室。

木木（一边换拖鞋，一边嘴里喊着）：蛾（儿）子，蛾（儿）子，爸爸回来了！蛾（儿）子，蛾（儿）子，有没有想爸爸？

小懒（头痛，扶住额头）：是儿子，不是蛾子，跟我学，儿子！

木木（表情认真地）：蛾子！蛾子！

小懒：……呃，实在是难为你了啊！

木木：哎，我慢慢来啊，你别急，我总有一天能清晰地发出“蛾子”这个音的！

小懒：如果小群仔习惯了你“蛾子”的音，怕是他也发不出准确的音了。我一想到他长大后对我说，妈妈，蛾子回来了，然后你在一边说，哦，蛾子回来了啊……我就有点，有点……你懂我的意思吗？

木木：还好吧……没准儿他能准确发出“蛾子”的音呢。

小懒：那就更麻烦了。每天听着你喊蛾子蛾子，小群仔会不会委屈地咧着小嘴，问我，妈妈，爸爸为什么和别人的爸爸不一样，他是不是嫌弃我啊，要不然，他为什么叫我蛾子呢？

木木：……不管了，来，蛾（儿）子啊，爸爸给你讲故事。从前，有一只蛾子，立誓终生追求光明……蛾（儿）子，你听懂了吗？这个故事，蛾子和花蝴蝶……蛾（儿）子，爸爸上班这么辛苦，还给你讲故事，要认真听！

小懒：……

——小群仔（表情很困惑）：蛾子和蛾子？

小懒妈妈表示没法解释。

小懒的指甲被剪秃了

小懒预产期前几天，木木同学曾经表现得很紧张。

具体体现在：

在客厅看电视的时候，他会时不时瞥小懒一眼，然后假装不经意地在房间里走来走去，然后再假装不经意间看下小懒，一副欲言又止状。

在沙发上，他会突然坐到小懒身边，拿起小懒的手，看看，又放下。再看看，再放下。

在小区外的鹅卵石小路上，他会牵着小懒的手，轻轻摩挲，再摩挲，再摩挲，却不发一言。

……

他到底在想些什么呀？

问他，又不肯说。

只干笑着挠头。

直到有一天，吃饭的时候，木木突然没来由地问一句：

木木：小懒啊，我帮你剪下指甲吧？

小懒：剪指甲？为什么突然要给我剪指甲呢？我自己可以剪啊。

木木（突然脸红）：呃，没有了，只是，想，或许你肚子这么大了，剪指甲不太方便吧。

小懒：剪指甲倒没什么不方便，就是系鞋带比较难，你不是一直都帮我系呢吗？指甲就不用了。我自己来就行了。

木木：呃……那，这样啊……其实，老公给老婆剪指甲，是件……是件挺温馨的事情，你不觉得么？

小懒：嗯？

木木：能增进夫妻感情啊……能促进彼此的心灵沟通啊……能那个……那

个啥啊……不是，主要是我听说，指甲长了，容易累积细菌，对胎儿不好的。

小懒（疑惑地）：是吗？那行，你剪吧。可我为什么觉得你有些过于热情呢？

木木（开心地）：别多想，来吧。

小懒：……但是没必要剪这么秃吧？

木木：哎呀，你不懂，这样才卫生啊。

小懒：好吧。

小懒生下小群仔，从医院出院后没几天，偶然看到木木同学和他大学同学猩猩的MSN聊天记录。

木木：你不是说你老婆生孩子的时候因为疼，用指甲把你脸都抠花了，还叮嘱我一定要剪我老婆的指甲吗？你骗人吧？我老婆才不抠人，白给她剪那么短了，心疼。

猩猩：不可能啊，你老婆打无痛了吧？

木木：她倒是想打，人家医院不给打。

猩猩：你老婆那么威武？我老婆不但用指甲抠得我胳膊紫一道红一道的，还把我的脸抠花了……过了两周才好的。我都被同事笑话死了。

木木：她倒是没抠我，我老婆在产房的时候，我还摆出一副胸有成竹、同归于尽、一切向我开炮的样子，大义凛然地伸出我的手，说：老婆，如果你疼，就掐我抠我吧！

猩猩：……那你老婆怎么做的？

木木：她疼得压根儿不想理我，但是，但是……

猩猩：……但是什么？

木木：她忍不住疼，一下子把产房的——据说价值100万元的——豪华——多角度旋转——分娩床的——扶手……给拽下来了。

猩猩：……

木木：当时护士和医生们都沉默了……

猩猩：……

鸡蛋黄❤❤❤

小婴儿出生后，肠胃一般没发育完善，医生说要学会观察宝宝的大便，来判断小婴儿健康与否。

小群仔的姥姥，也就是小懒的妈妈，来北京看小群仔。

小懒的妈妈：宝宝的正常大便，是鸡蛋黄颜色的。

小懒：呃，知道了。

小懒的妈妈：像刚才的绿色，就有点不太对，你要多观察啊，记住，金黄的鸡蛋黄颜色，你只要记住鸡蛋黄就行。

木木的妈妈（做完饭）：小懒啊，吃个鸡蛋羹吧。

小懒：呕……

艰难任务❤❤❤

小群仔睡觉五大步骤：

一、哭、闹。嗷嗷叫，谁哄都不行。时长10～30分钟。

二、进入迷糊状态，似睡非睡。时长15～30分钟。

三、进入睁只眼闭只眼状态。时长10～20分钟。

四、进入浅睡眠。双眼都闭上，但有点动静就醒。时长10～40分钟。

五、深睡眠，可以放到床上了……

除以上五个步骤外，还要唱歌谣，如果你只是沉默地抱着他，他是不肯睡的。除了唱歌谣，还得用手拍他的小屁股。

所以，木木和小懒一致把哄小群仔睡觉，当做艰难任务。

不过，大家各有各的撒手锏。

小懒的撒手锏是《三个和尚》，怀孕时常放郝邵文版的听，在“三个~和尚~没呀没~水喝~”的旋律中，群仔很快入睡。

木木的撒手锏是《刘三姐》，他喜欢用《刘三姐》的曲子即兴发挥，看到什么唱什么，“哎~我们~群仔~快~睡觉嘞~哎~快睡觉！”

最后，月嫂赢了！

——她会背《弟子规》，一背，小群仔就呼呼了……

你除了崽，还有妻呀

为了方便照顾月子里的小懒，月嫂和小懒在主卧睡。次卧是木木的爸爸妈妈睡。所以木木同学……只好委屈委屈，睡客厅的沙发了。

没想到这晚蚊子太猖狂，咬得小懒手上、胳膊上全是包。

早上用电蚊拍打死了六只饱得肚子都要胀开的蚊子。

小懒跟木木抱怨——

小懒：木木，你看蚊子把我咬的，全身上下就没一处好地方。

木木（第一时间冲向群仔，嘴里喊着）：我的崽，你没事吧……

小懒：……你的崽睡在婴儿床里，有小蚊帐罩着，当然没事。

木木：哦，没事就好（说完，就没事人一样离开鸟）……

某懒（含泪）：你除了崽，还有妻啊！

~~>_<~~

蛾子的纸尿裤

木木和小懒去超市，给小群仔挑选纸尿裤。

木木（问导购员）：请问，什么牌子的纸尿裤质量比较好呢？

导购员：您给谁用呢？

木木：给蛾子啊。

导购员（诧异地）：给谁？

木木：给蛾子。

导购员（沉默）：……

木木：有什么问题吗？

导购员：先生，您是在和我开玩笑么？

木木：你这人真是可笑，我为什么要和你开玩笑，你以为我很闲么？

导购员：对不起先生，我们这里只卖人类婴儿的纸尿裤，不卖昆虫啊蛾子之类的纸尿裤。

小懒&木木：……

上对不起父母，下对不起……❤❤❤

木木上小学的时候，曾经有一次，和小伙伴们踢球，打破了教师家属院一位老师家的玻璃。

那位老师告状到木木的班主任那里，结果木木不但被罚站了半天，还要求写一份深刻的检讨。

小懒：那时候老师们真是讨厌，动不动就要我们写检讨，还得深刻，还得诚恳，多大的事啊，老子下次改了不就得了嘛。

木木：可是那时候谁敢这么想啊，大家小学的时候，都拿着老师的话当圣旨。

小懒：那后来你怎么样了？

木木：后来我写了一份检讨……结果不但要求我重新写，还被罚站了一周，还要打扫一周班内的卫生。

小懒：你们老师也太狠了吧，就因为你检讨写得不深刻不诚恳么？

木木：呃……倒也不是。

小懒：你到底写了什么？

木木：其实也还好了，我只是写了一句，“我打碎了玻璃，上对不起父母，下对不起老师……”，结果老师勃然大怒，说：我什么时候成了你的下了……于是……

小懒：……

我不要脸我不要脸

小懒，帅不?
木木做了新发型。
嗯，
蛮帅的。
欧也！
来，过来，
让大爷亲一口！
把脸挪走，我想亲的是嘴巴。
什么?
我说，我不要脸我不要脸我不要脸，我要亲嘴巴！
你说什么？再重复一遍。
我不要脸我不要脸我不要脸……
什么，大点声！
我不要脸我不要脸我不要脸……
再说一遍。
我不要脸我不要脸我不要脸……我不要脸我不要脸我不要脸……
我基本同意你对自己的判断。
……

小二桃儿的第一次专家会诊

CHAPTER 06

以后和木木吵架，再难过再伤心再郁闷再痛苦再生气再……小懒也不会离家出走了。

木木哄小群仔睡觉的法宝

小群仔出生后，同绝大多数刚出生的小宝宝一样，极度没有安全感，晚上经常闹夜，要起来五六次，有时候，睡前的哄觉任务就交给了初为人父的木木。

偏偏小群仔又那么难哄，要唱歌，要拍屁屁，要摇……每次都筋疲力尽。

但木木哄小群仔睡觉却很顺利。

每次，小群仔到了他手里，只见木木咕哝几句，把小群仔扛在肩上，没过一会儿，原本至少需要哄上半个小时才能睡着的小群仔，居然十几分钟就睡着了。

第二天，如是。

第三天，依然如是。

第四天……

这天，木木正在客厅哄小群仔睡下午觉。

小懒终于忍不住，打算好好看下，木木到底用的什么法宝。

木木（抱着小群仔，对着家中书架，军事题材一类）：小群仔，睡觉吧……你来看，咱们的书架上有什么书啊，爸爸来给你念一念——《亚洲的结局》《日本的崩溃》《通往东京之路》《轰炸日本》《重返菲律宾》《岛屿之战》《边缘战争的争夺》《战争中的美国》……

小群仔（打个哈欠）：……

小懒：……

木木（继续）：你还不睡吗？你再来看这些书，《战争中的日本》《欧洲的结局》《肆虐的太阳旗》《太平洋底的战争》……

小群仔（睡眼蒙胧）：……

小懒：……

木木：你来看，还有《苏维埃战争》《围困中的苏联》《红军的崛起》《开辟第二战场》……

小群仔（已睡着）：……

小懒（目瞪口呆）：……

木木小朋友不乖

小懒和木木推车带着小群仔去外面晒太阳。

一般来说，晒太阳的队伍，周一至周五，由木木的爸爸妈妈、小懒、月嫂四个人组成，周六日就会加上木木，群仔就跟出巡似的，阵容非常庞大，能凑桌麻将。

夏天的时候，就在小区广场中晒太阳，那里聚集着很多小朋友。但是木木小朋友，总是表现得不太乖。

木木小朋友（凑到一个刚会走路的一岁小男孩面前）：小朋友，你手里的酸奶给哥哥喝一口好吗？

小男孩：不给（静静看木木一眼，转身跑掉）。

木木小朋友（凑到一个四五岁骑着儿童车的小女孩面前）：小朋友，你的车车，让哥哥骑骑好吗？

小女孩：……我不（骑上车就跑）……

木木小朋友（凑到一个两岁多的小男孩面前）：小朋友，你的棒棒糖借给哥哥吃一口吧。

小男孩：我……（不知是出于羞涩还是警惕，跑掉了）

——于是，在婴儿车里躺着的仅仅一个多月的小群仔基本上目睹了自己的爸爸——木木小朋友，追着大大小小的小朋友们满广场跑的盛大场面……

广场上的男男女女老老少少用好奇的目光看着木木。

小懒：呃，其实，小群仔，这个人，呃，妈妈也不认识了。不知道从哪里冒出来的。

小群仔：……

如果有代沟怎么办

木木日记：

今天小群仔满月了。

月嫂公司赠送了上门给宝宝理胎发服务，睡觉中的群仔瞬间从睡觉桃儿变成了和尚桃儿，看上去无端地增添了几分帅气。

正打量着小群仔，听到小懒深深叹了一口气。

我问小懒怎么了。

她答：唉，真发愁。

我：愁什么？

小懒：才满月就这么帅，将来一堆小姑娘追在他身后，死活要嫁给他，可怎么办呢？

我：……可是也用不着这么早就担心吧。

小懒：我也不想啊，可是一想到一堆小姑娘追着他跑，到底选哪一个我就心乱。万一我喜欢的群仔不喜欢，群仔喜欢的我不喜欢怎么办呢？将来婆媳关系会怎么样呢？不知道那个时候的年轻人，会喜欢什么啊，我会不会和他们有代沟呢？如果有，要怎么解决啊？

我：……你是不是，是不是又想得有点太远了？

离家出走怎么办

有朋友问，生了小群仔之后，最大的感悟是什么？

小懒（想了想，认真地）：以后和木木吵架，再难过再伤心再郁闷再痛苦再生气再……也不会离家出走了。

朋友：为什么这么说啊？因为有了宝宝这个爱情结晶后，觉得夫妻两人的感情更深厚、关系更牢靠了？

小懒：那倒不是。

朋友：那是因为什么？

小懒：我现在有了小群仔呀，如果同木木吵架，离家出走的话，得带上小群仔吧。

朋友：呃……

小懒：如果带上小群仔的话，得带上纸尿裤吧，小群仔一天至少用10个纸尿裤，如果我离家出走5天，仅纸尿裤就得带上50片。洗澡盆也得带啊，小婴儿得天天洗澡啊，衣服也得带上个五套六套的，内衣啊、外套啊、帽子啊、围嘴啊……这还不算我自己的东西呢……

朋友：……

小懒：这么多东西，离家出走太辛苦了，成本太高，又耗费体力，我扛不动啊！想想，还是老老实实待在家里吧。

朋友：……

小群仔的第一滴眼泪

小群仔出生第34天的时候，第一次流出眼泪。

在这个阶段，哭泣是婴儿同外界交流的唯一方式，不知慢慢长大的有了喜怒哀乐的群仔将来为谁欢喜为谁忧？

（普及新生儿知识：新生儿刚出生时是没有眼泪的，或者说泪腺没通。要一到两个月才会流出眼泪。所以，虽然很多婴儿生下来就会哭，但绝大多数是干打雷不下雨。神奇吧。）

木木：小懒啊，你在干吗？

小懒：我在舔小群仔眼角流出的眼泪。

木木（好奇地）：……好恶心，你舔它做什么？

小懒：你不觉得婴儿的第一滴泪非常珍贵吗？不但珍贵，而且意义重大啊。

木木：我还是不懂。

小懒：好吧，我单方面、个人，坚持认为——吃了婴儿的第一滴眼泪，就如同吃了唐僧肉、蟠桃园里的蟠桃，可以长生不老永葆青春。

木木：呃……

小懒：你要不要来点？

木木：……

说话的艺术

说话，真的是一门艺术啊。

比如说，小懒的一位邻居，生了个男孩，皮肤很白。

在小区里晒太阳的时候，碰到一位老太太，这位老太太看到这个皮肤白白的小男孩后，突然说：

“——哎哟，这孩子，脸怎么煞白煞白的？”

这个小男孩的妈妈很不高兴，什么叫“煞白煞白”的呀？形容有病、鬼啊之类的才用这个词呢。

讨厌！

而小懒带着小群仔出去的时候，也碰到了一位邻居，她看到小群仔黑黑的、源自木木遗传的皮肤后，抬头对小懒说：

“——哎哟，你们家孩子，皮肤有些……暗……啊。”

看吧，这就是说话的艺术。

小群仔喜欢搭话

早上，小懒给群仔仔洗完小脸和小屁股，母子二人躺在床上。

小群仔用特别温柔的眼神看着小懒，小懒一时兴起，随口问：“你这么温柔地看着我，是不是爱上妈妈了？”

接下来，包括木木和月嫂在内，被他的反应震住了，小懒的“了”字音刚落，听到他非常清晰的应答声：“嗯。”

——或许小群仔只是无意识的，或许只是凑巧，但小懒还是感动得想要流泪。

不给回报行不行❤❤❤

小懒坚持母乳喂养。相比好多没有母乳的妈妈，相比那些动辄给婴儿吃几百块一桶的进口奶粉的家庭，真是省了好多钱啊。

同木木说起这个，没想到他居然不这么认为。

小懒：我认识的好多朋友，因为母乳不够吃，只能给婴儿喝奶粉，每个月，仅仅是奶粉钱就2000多块。

木木：咱们家虽然没这个开销，不用喂奶粉，但……

小懒：但什么但？

木木：但是我还喂你呢！我喂你的，有各种昂贵水果吧？我还每天给你吃猪蹄呢，还有什么小柴鸡啊、鱼啊、骨头啊之类的……

小懒：……

木木：我喂你这么多，你不给我回报，谁干啊？你欺负傻小子啊……

小懒：……

裤子，您可以穿着❤❤❤

小群仔百天的时候，小懒和木木带着他去影楼拍百日照。

到了影楼，选了几组衣服和主题，于是正式拍摄。

到换父子装的一组，是小宝宝光着全身，爸爸光着上身，抱着小宝宝或者把小宝宝扛在爸爸脖子上拍照，相当温情的一组拍摄。

结果在换衣服的时候，小懒直接给小群仔脱光衣服，露出光溜嫩滑的小屁股。

木木看到，怯怯地问摄影师——

“……那个，我想问下，我也要脱光吗？”

摄影师看了他一眼，非常淡定地说：

“不，不用，您只要脱掉上面的T恤就行了。裤子，您可以穿着。”

——好丢人。

╯﹏╰

木木的进步❤❤❤

木木洗完澡，到卧室看群仔仔。

床上的小群仔，继承了木木的很多优点：鼻子宽宽的，耳朵大大的，眼睛亮亮的，睫毛长长的，大眼皮双双的……木木坐在群仔仔的婴儿床旁边，静静地打量着。后来，他倾起上身，在群仔仔粉白粉白的小脸上，轻轻嘬了一口。

卧室里没有开大灯，为了防止伤害群仔仔的视力，小懒从网上买的马克小夜灯派上了大用场，那时昏黄的马克灯照射出的柔和的昏黄的灯光，给这小父子俩，镀上了一层那么温暖的，甚至是神圣的光晕。

小懒躺在床上，怔怔地想，不管此前，因为怀孕，受到了来自工作、生活、写作……各个方面的压力，不管为此小懒丧失了多少机会，付出了多少代价，那一刻，只觉得：所有的这一切，都是值得的。

生命里，最爱的两个，小男人。

想要告诉你们：所有的这一切，都是值得的。

木木喜欢俯下身，和群仔仔对视，对着小脸蛋嘬上几口。

夏天太热，没给宝宝穿纸尿裤，就可着床罩来了，所以俯下身和宝宝对视的木木，经常被群仔仔的“尿喷泉”冲到一脸……

但木木已经进步了，具体体现在——

不论多么大的尿喷泉浇在脸上，他已经不像当初那么大呼小叫了。

好正当的借口

小懒一向不擅长家务，比较粗线条。

虽然每次都很努力地收拾，但房间还是很乱……

有了小群仔后，小懒找到了非常好的借口。

每当有客人来访，望着家里乱糟糟的样子，就会非常违心地说：

“家居氛围真浓啊……”

这时，小懒则两手一摊，非常厚脸皮地说：

“哎，实在抱歉，家里有孩子，总是会乱。”

木木（看了一眼熟睡中的群仔）：……无语。

木木心情很好

木木下班回来，心情很好的样子。

小懒：今天有什么开心事吗？

木木：有啊有啊。

小懒：说来听听。

木木：今天啊，我爸终于给我带枣了。

小懒：……什么意思？

木木：我每天早上上班，我爸不是都会用保鲜袋装两个水果放我的包里吗？

小懒：呃，是啊，这又怎么了？

木木：可是我爸太死心眼啊……他给我带了四个多月的苹果和梨……从来没换过。我每次看到的时候，真是欲哭无泪，又不好意思跟他讲，怕他难过。

小懒：……我跟老爸说起过啊，说不能老是带一种水果。结果他说你喜欢吃。

木木：才没有。他乱讲。你可以想想啊，四个多月里，每天打开包都是雷打不动的梨和苹果……今天看到包里，居然有一袋枣！！！我激动和兴奋的心情真是溢于言表！（唱起来）今儿~咱~老百姓~真呀么~真高兴~咱们~老百姓啊~吼嘿~真呀真高兴……

小懒：……

反对无效

小群仔是个乖小孩。

睡觉的时候，怎么摆弄他，叫他吃奶，只要他没睡够，怎么晃，都是不醒的，软绵绵的，像面条。这时候，小懒和木木叫他——面条桃儿。

吃奶的时候，安静得像个天使，这时候小懒和木木叫他——吃奶桃儿，或者天使桃儿。

大便的时候，他的神色好专注，可爱至极，小懒和木木叫他大便桃儿。

哭泣的时候，会因为愤怒拼命踢腿，小懒和木木叫他气人桃儿。

……

他一定很困惑吧，为啥这么多称呼呢？

——谁叫你的头，像个小桃子，小名还曾经叫二桃儿来呢，反对无效！

关于捉迷藏这件事

带小群仔和木木在小区里散步，夏日炎炎，走到树荫处，小懒跑到婴儿车前面，给群仔移动遮阳伞。

几乎就是一个愣神的工夫，突然发现——木木同学不见了。

呃……

根据以往经验，他是在和小懒玩捉迷藏……

小懒四下环顾，搜索一番，没找着。

小群仔在婴儿车里，一副不耐烦的神情——这个小家伙，不喜欢停下来。只好继续往前慢慢推婴儿车，一面四下打量。

同时有些生气！

——带孩子出来，玩什么捉迷藏，真以为我是带你出来玩么，有爸爸的样子么……

——你以为我们还处在你四处躲藏、我四处寻找的热恋年龄么？

——你……你以为你是群仔的哥哥么？我一边哄着小群仔，我还得哄着你！

……

正要河东狮吼，大声吼出木木的名字，让他主动检讨，自动从藏身的地方现身时……

突然有个老太太散步经过，她朝自己的身后看看，然后经过小懒身边时，突然捅捅小懒的胳膊，说：

"在汽车后头藏着呢！"

小懒：……

隔天上午10点多，小群仔睡醒后，又推他去小区外的小河边去散步。

一路上木木一直心不在焉。

走到凉亭处的时候，木木突然说——

木木：小懒啊，你跑跑步吧，从这里跑到那里再折回来，怎么着也有500多米吧，多运动运动，还能减肥呢。

小懒（丝毫没有戒备）：行啊，那你看着小群仔啊。

木木：放心吧，交给我。

小懒：别让他着凉。

木木：知道了，你快跑步吧。

小懒：好。

……

小懒跑到鹅卵石小路的尽头，又沿着一路郁郁葱葱的松树跑回来。

——结果发现，木木和小群仔都不见了。

又来这套！！！

这次还带着小群仔！！！

看左右的小松树，没有。

凉亭后面，没有。

汽车后面，没有。

……

生气！！！

正要河东狮吼，前面走来一个两岁的小女孩，跟小懒住同一单元楼里的。

咳咳，现在这囧样，让一个小姑娘来笑话，是不是有点尴尬？

小懒定定神，假装没什么事发生，伸伸胳膊蹬蹬腿，做出一副锻炼模样，不料那小女孩急急走向小懒，大声嚷着：

“阿姨阿姨，叔叔带着小弟弟蹲在花坛后面干吗呀？”

木木：……

还是木木乖啊❤❤❤

半夜里，稍微有点凉了、热了、饿了，有动静吵到了……小群仔就会像个虫子一样来回蠕动，大声哭泣。

基本上后半夜，稍微有一点动静，哪怕睡得再深，小懒也能第一时间听到，从大床上瞬间跳起来，抱起小群仔。

奇怪，木木却很少能醒。甚至第二天问起他，压根儿不知道小群仔半夜醒过，更别提哭泣了。

一直对这个问题非常困惑，那么大的动静，木木怎么会毫无知觉呢？难道是假装的？只是为了逃避晚上哄小群仔么？但……不应该这么想木木吧。至少，觉得木木不会是这样的人。

直到那天看了美剧《生活大爆炸》，Sheldon因受不了新搬来的美女邻居Penny脏乱的房间，半夜跑到Penny家里去打扫。Leonard指责Sheldon时，两人险些吵醒Penny。这时，Sheldon说：

“要用低音区讲话。因为进化使得女人对高音区的噪音非常敏感，所以她们才能在婴儿哭泣的时候醒来。”

——小懒终于找到了答案。

原来是这样啊。

母亲对小婴儿哭泣，第一时间听到，是本能。

终于释然，这么多年的婚姻生活，就知道木木不会啦。

不过，每每夜里起来照顾小群仔，轻轻拍着、哄着，唱着歌谣，一个晚上起来四五次，多的时候六七次，睡眼蒙眬之际，瞄到在一边睡得迷迷糊糊又非常踏实的木木，不知为什么，小懒会想——

天啊，还是木木比较乖啊……

天啊，为什么会有这种想法……

你就是狗嘛，狗就是你嘛

小懒的妈妈给小懒打电话。

小懒的妈妈：你没事吧，群仔仔没事吧？

小懒：没事，挺好的。怎么了？

小懒的妈妈：我昨晚做梦，梦到狗掉了一地毛。

小懒：哦，可是干我什么事呢？

小懒的妈妈：你属狗啊，梦里你就是狗，狗就是你嘛！

小懒：……

小懒的妈妈：你让我小外孙叫两声，我听听。

小懒：他已经睡着了。

小懒的妈妈：哦，那你在腿上掐他两把，让他哭两声给我听听。

小懒（哄了两个多小时才把群仔哄着）：……您老人家真是太难为我了……

小懒的妈妈：你个小气鬼，有了儿子就忘了老娘，我白照顾你那么大了！

小懒：……

让我玩一会儿❤❤❤

木木下班回到家，急急吃完晚饭，又急急洗了澡。

看了小懒几眼，终于忍不住。

木木：小懒，让我玩一会儿吧。

小懒（果然拒绝）：不行。

木木：就一会儿。

小懒：不行。

木木：这样吧，我向你保证，就一分钟，行吗？

小懒：三十秒都不行，何况一分钟。

木木：你就不能体谅下我的心情吗？人家上班累了一天，一天都没玩了，现在没啥事，放松放松，就不能让我玩一会儿？

小懒：你就不能体谅下我的心情吗？我在家一天，全部都在带孩子啊，我也累啊。

木木：我体谅啊，但是但是……拜托你通融通融嘛。

小懒：我说了不行就不行。

木木（生气了）：我讨厌你！

小懒：我还讨厌你呢！

哼。

两人背对坐在沙发上。

良久，小懒想，不能和木木这样生气，也不能冷战，有什么事情，还是说开了好，否则影响夫妻感情——

小懒：咳咳，木木啊，是这样的，我希望你能明白，小群仔，是我哄了一个多小时才哄睡着觉的，你要是现在去跟他玩，一是群仔睡觉睡不好，二是你要把他玩醒了，我还得哄半天才能哄着啊。

——木木到底想玩什么？

——上班忙碌了一天，他想念小群仔，想把小群仔抱在怀里玩一玩。

——在男人眼里，有时候，小婴儿，就如同他的一个小玩具。

小懒思想分裂

会有小懒这么极端的人吗？

每当写稿时，写作速度和质量超出预期时，小懒都会大赞自己一句：

你真是个天才！

但是写完后，看了一遍，有着严重文字洁癖的小懒，又开始反复修改，一边修改一边骂：

你这个蠢材！

一个周末，爷爷奶奶带着小群仔出去晒太阳。

木木赖床，睡到10点多。

木木：小懒，今天阳光不错，咱俩也出去散步吧。

小懒：呃，等会儿，我上趟厕所。

木木：这样吧，我先出去，你上完了厕所就来找我。

小懒：好吧（想起来什么），不要和我捉迷藏了。

木木：知道了。

说完，木木就出了门。

五分钟后，小懒也出去。

可是——你们知道的，哪里还有木木的影子？

只好一路走，又一路找。

头疼。

走到常去的花坛附近，也没人影。

远远地，看到隔壁楼的一位阿姨正在遛狗，德国牧羊犬，竖立的直耳，粗粗而肥厚的大爪子，黑黄相间的毛，时不时吐着大舌头，四处嗅嗅，看上去非常彪悍。

虽然主人给它拴上了狗链，但周围的行人还是离狗远远的。

小懒漫不经心地扫了一眼，突然，牧羊犬朝着一棵需要两人合抱才能拉到手的大树后，不停地叫着：

汪汪汪！！！汪汪汪！！！

汪汪汪！！！汪汪汪！！！

一边叫，一边做出向前攻击猛冲的姿势……

到底是什么，让这很安静的狗，突然失态至此啊！

小懒一边继续找木木，一边暗暗想。

说时迟那时快，突然看到木木从树后鬼鬼祟祟地出来，手里还拿块石头，一边走，一边大声喊着“滚开”，吓唬那只想要冲上去猛扑木木的牧羊犬……

——小懒默默地看着这一切。

内心很矛盾。

到底是要上去帮忙还是假装不认识啊……

正犹豫间，主人拖着狗，一边不好意思地跟木木道歉，一边用百思不得其解的目光看着木木，离去了。

木木（看着爆笑的小懒，生气）：你还笑你还笑你还笑！你亲爱的老公眼看都要被狗咬了，你不帮忙不说，还站在那里看热闹。

小懒（笑得直不起腰来）：……哈哈哈哈哈哈！

木木：我怎么有你这样一个老婆啊，你到底是不是我老婆啊！

小懒（笑得肚子疼，说不出话来）：……

木木（懊恼）：有那么好笑吗？

小懒（揉肚子）：有！

木木：……

小懒（强忍住笑）：好啦好啦，通过今天这件事，我想告诉你一个哲理。

木木：什么哲理？

小懒：嗯，我先问你，你鬼鬼祟祟地躲在树后面干吗？

木木：我……在跟你捉迷藏啊。

小懒：……呃，那你知道狗为什么想咬你吗？

木木：为什么？

小懒：这就是我要告诉你的哲理——你若行动鬼祟，就不要怪狗把你当贼……

木木：……

木木有着狗的鼻子和鹰的眼睛

一般来说，木木同学下班回到家，有着以下几个步骤：

放下背包。

换拖鞋。

脱掉外套。

洗手洗脸。

打开电视。

吃饭。

饭毕，木木在房间里转了一圈。

木木：小懒，今天你从超市买鸡翅吃了？

小懒：呃……

木木：还没给我留！

小懒：呃……

木木：你逛街买了几件衣服啊？总乱花钱。

小懒：呃……

木木：对了，闲着没事别在美发店办会员卡，之前你办完卡店就倒闭了，你忘记了吗？

小懒：呃……

木木：还有，你今天都花了那么多钱了，为什么心情还不好？

小懒：……

小懒一句话都没说，为什么木木能知道这么多呢？

因为——

每天，木木一回到家，就跟个小狗似的，东嗅嗅，西嗅嗅，看看垃圾桶，观察里面有什么价签啊小票之类的，以此判定小懒吃了、买了什么。环视整个房间，看多了什么少了什么动了什么，最后看看小懒的微博，观察小懒一天的心路历程……

木木，你辛苦了。

好想拥有一只泰迪啊❤❤❤

其实，如果没有生小群仔的话，是很想养一只泰迪狗的。

早些时候，生活不安定，工作太辛苦，没有条件养。近些年，好不容易生活稳定了，却因为经常出差不能照顾，而作罢。

有了小群仔后，要照顾他，更是不可能买了。

可是，小懒是多么希望能够养一只可爱的泰迪啊。

不掉毛，没有臭味，而且，据说是世界上第二聪明的狗……教什么都学得快，甚至有个人教的泰迪能说“谢谢”“妈妈”等简单的词语。

唉！

既然不能实现，只好发泄发泄。

于是小懒跟朋友说，跟同事讲，跟同学讲……讲泰迪狗狗的聪明与可爱，讲泰迪的不掉毛、没有味道……

就这样——

小懒的朋友、同事、同学……分别陆陆续续买了泰迪狗。

木木：卖泰迪狗的店是不是有你的股份……

小懒：……

关于群仔仔的尿尿

啊……

啊……

啊！！！

早上在卫生间洗脸，听到木木凄惨的呼叫声。

出去一看，原来是小群仔把一泡尿浇在木木身上了。看到小懒出来，小群仔非常从容地看着妈妈，目光淡定无比。

小懒拉过木木，决定找他谈心。

小懒：木木啊，我想跟你说件事。

木木：什么事？啊（警觉地），你不会是让我洗小群仔尿了的床单吧？

小懒：那倒不会，家里不是有洗衣机么？

木木：那是什么事？

小懒：嗯，我只是觉得，小群仔一天天长大，我们这两个新手爸妈应该也要不断成长。

木木：成长啊，我不是只要空闲，就跟他玩么？

小懒：呃，我的意思是，比如说，新手父母成长的标志，应该包括，当遭遇宝宝喷涌而出的尿喷泉时，不会太大惊失色或手足无措。

木木：我才没有。

小懒：那你刚才鬼叫什么？

木木（狡辩）：……我看到小群仔尿尿，帮他“啊啊啊啊……”地配乐啊，说不定他会想，哇，我尿尿，爹爹还亲自配乐，真开心。我有一个多么伟大且爱我的爸爸呀！

小懒：……

下午小懒给群仔仔作抚触。

拉着他的两条小腿作向上动作，不曾想，他突然嘘嘘，只看到一股尿喷泉冲天而起，浇了小懒一胳膊，浇了小群仔一脸。

两个人都傻掉了。

少顷，群仔仔突然大哭……

小懒狂笑……

（群仔仔：你笑个屁啊，你没看到我一脸一脑门儿的尿吗……）

给小群仔把尿，他只顾用手抓自己的脚丫，抓来抓去，很是好奇（据说婴儿会慢慢认识自己的身体，从手，到脚）。

结果他就这样意外地尿到了自己的手……

当时，他被吓呆了，只尿了半截，剩下的憋回去了……

然后用非常不解的目光看着小懒……等待着小懒给他答疑。

……嗯，怎么说呢……

问木木，要怎么跟小群仔解释呢?

木木（挠挠头）：你就跟他说，长大的话，会尿得比较远的。

小懒：这个不是重点……

木木：那你就跟他说，尿到自己的手，能洗干净的。

小懒：呃……还有吗?

木木：哦，还有，你再告诉他，尿尿分两次尿，会被人家笑话的，等他出去的话，小朋友们就对他指指指点点，说“看到了吗，就是那个小孩子，尿尿还分两次尿，真是丢人啊”……

所以，还是那句话——

你根本不知道男人用什么思考。

曲项向天歌

上午在杂志中看到一个笑话，小懒一直笑到晚上，等木木下班回到家，讲给木木听：

小懒（边讲边大笑）：话说，有一个人乘公交车，饭吃多了，突然连打三个嗝儿：呃，呃，呃！这时，旁边一个四五岁的小孩突然奶声奶气地接道：曲项向天歌！

木木（没反应）：？

小懒：你没听懂？

木木：这，哪里好笑了？

小懒（仍然笑得上气不接下气）：你居然不觉得好笑……

木木：你居然觉得好笑？

小懒（冷静，不笑了，作思考状）：我想想……你到底是身上没有幽默细胞啊，还是咱俩的思想有着严重的偏差？

木木：才不是，是你的笑话根本不好笑。

小懒：不对，或者说，是咱俩对事物的认知，以及对外界的刺激有着不一样的反射区，如果是这样，是不是我们的人生观、价值观也是不一样的？包括生活追求也会有着严重的分歧才对。可如果是这样，我们怎么会在一起，并且生活了这么多年呢？

木木：什么跟什么啊？

小懒：难道说，我们的婚姻生活有着很大的隐患，而我们没发现而已？

木木：哈哈哈，你现在讲的这个笑话好好笑。

小懒：……

男人到底用什么思考……

小懒的妈妈成功用小便盆给群仔把了一泡尿。

她把群仔交给小懒抱，然后镇定地走到小懒的爸爸面前，把盛满了群仔尿尿的小便盆递给小懒的爸爸。

小懒的妈妈：给你，拿着，这是给你买的二两烧酒！

小懒&小懒的爸爸：……

关于捉迷藏这件事
——带小群仔出来，走到树荫处，木木突然不见了。
玩什么捉迷藏！！
有爸爸的样子么……
真以为我是带你出来玩么！！！
生气！！！
在汽车后头藏着呢！
隔天上午十点多
小懒啊，
你跑跑步吧，从这里跑到那里再折回来，
多运动，
还能减肥呢。
行啊，
那你看着小群仔啊。
放心吧，
交给我。

关于捉迷藏这件事

木木啊，现在有三件事要做，拖地、洗碗和哄小群仔，你（突然很小声）先做哪个？

永远的央视七套

众所周知，木木同学除了纪录片外，最爱的就是央视七套的《每日农经》节目。

但是其实除了《每日农经》，他还格外喜欢《致富经》。

小懒：木木啊，咱能换个台么？

木木：为啥？多好看啊。

小懒：可是我不太喜欢看。

木木：呃，我想想，是你的欣赏水平太低了，还没有学会欣赏这类高档节目。其实这也不能怪你，之前你也碰不到什么欣赏水平高雅的人，只能破罐子破摔，碰上什么是什么。不过现在不同了，你遇到我了呀，我跟你讲啊，只要你虚心向我学习，慢慢地，在我的培养和熏陶下，你的欣赏水平，就会慢慢提高。

小懒：可是……

木木（全神贯注）：嘘……不要说话，注意欣赏今天的节目……

小懒（欲言又止）：……

五分钟后，木木的妈妈从外面散步归来。

转头看到电视节目，一字一顿地念道——

“《从——猪——粪——开——始——的——致——富——之——路》……”

木木的妈妈（诧异地看了下小懒）：我以为只有木木才喜欢这个节目。小懒你也喜欢看吗？

小懒（才没有）：……

你累了，就……休息下❤❤❤

周末，木木休息，没上班。

小懒：木木啊，现在有三件事要做，拖地、洗碗和哄小群仔，你（突然很小声）先做哪个？

木木：什么？你问我选择哪个？

小懒：嗯，是，你（突然很小声）先做哪个？

木木：呃，我想下，我……选择哄小群仔吧。

小懒：好，你哄吧。

木木和小群仔在床上玩。

没多久，小群仔困了。于是木木哄小群仔睡觉。

二十多分钟后，小群仔睡着。

木木拿两个枕头放在床的边缘，防止小群仔掉下床。

做完这些后，木木同学拿起笔记本，开始玩游戏。

小懒：木木，接下来去洗碗吧。

木木（狐疑）：你搞什么，不是说我哄孩子，你洗碗和拖地吗？

小懒：我哪里有这么说？我是问你，拖地、洗碗和哄小群仔，你先——做——哪个。现在小群仔你哄着了，接下来该洗碗和拖地了。

木木（诧异）：你才没有这么说，你问我选择哪个！

小懒（耸肩）：木木啊，你普通话说不好，也就罢了，你耳朵还不好？也就我这样的，能容忍你这些毛病罢了，搁谁谁受得了啊……

木木（生气）：你太狡猾了，我不干了！我上班一天多累啊，周一到周五，大周六的，好不容易休息一天，你还让我带孩子，你还让我干活……太不公平了！

小懒：好吧，那咱们就好好谈谈。虽然我现在不上班，但我比上班还累啊，我带小群仔，抱来抱去，胳膊都酸了，我还要给小群仔做饭——这算是体力活吧；我还每天写稿，写长篇，给杂志写专栏，这是脑力活吧，我体力活脑力活都做着，不比你轻松多少啊。

木木：这些我都知道，但是……

小懒（打断）：但是什么但是，听我说完，不许插嘴！

木木（闭嘴）：……

小懒（继续发飙）：你周一到周五上班，累是吧，但是，难道你上学的时候，你们老师没和你们说过吗？

木木：这跟老师有什么关系？

小懒：难道你们老师没教过你们么？看数学的时候累了，想休息，就去看语文；看语文的时候累了，想休息，就去看英语看化学看物理看政治……

木木：……说是有说过，但这跟我上班、跟小群仔有什么关系？

小懒：有关系啊，你不是上班累么，正好你哄小群仔休息下……哄小群仔累了，你就去洗碗休息下，洗碗洗累了，你就去拖地休息下……所以你一天到晚都在休息啊，你累什么累？

木木（气急，悲愤地）：……我要离家出走，55555……

小懒：离家出走前，先把活干完了！

木木：……

我有事，先出去下❤❤❤

小群仔不喜欢喝白开水。

只喜欢喝有味道的最好是酸酸甜甜的果汁。

但是小婴儿早上空腹喝点白开水，对身体是很好的。

可这些道理你是没办法同一个刚出生几个月的小小婴儿讲的。

强灌？不行，搞不好会呛到的。

……

结果在偶然的某一天，小懒和木木突然发现，小群仔喜欢看爷爷喝水，而且，如果在爷爷喝水的时候，你把装了白水的奶瓶送到小群仔嘴巴里，他是不排斥的。

同时，如果爷爷喝水的时候，把装了白水的奶瓶送到小群仔嘴巴里，他偶尔也会吮吸两口的，虽然会皱下眉，但多多少少能喝进去一点。

然后，小懒和木木又发现，如果爷爷端着大茶杯，把满满一茶杯的水全部喝光之后，小群仔会乖乖地喝上一大口。

接着，小懒和木木发现，如果爷爷只是假装吧唧嘴，实际上并没有喝，想要蒙混过关，是绝对骗不了小群仔的，只要爷爷不喝，他也绝对不喝。

所以，喂小群仔喝水的艰难任务——就扛到了爷爷的肩上。

这天——

群仔爷爷：小群仔，喝水吧（假装吧唧嘴）。

小群仔（紧盯着爷爷的嘴，不为所动）：……

群仔爷爷无奈地喝了一口。

小群仔（不为所动）：……

群仔爷爷（咕咚咕咚喝完一满杯）：这下行了吗？

小群仔（咕咕喝了一大口）：……

木木：小群仔，只喝一口是不行的，再多喝几口。

小群仔（睁着大眼睛看着爷爷）：……

群仔爷爷（无奈，咕咚咕咚又喝光一满杯）：好了，爷爷喝完啦，你也喝吧。

小群仔（咕咕喝了一大口，眼巴巴地继续看爷爷）：……

群仔奶奶&木木&小懒（齐齐看着群仔爷爷）：……

群仔爷爷（又喝光了一满杯）：……

小群仔（咕咕喝了一大口，眼巴巴地继续看爷爷）：……

……

十分钟后。

七大杯水之后。

群仔爷爷（实在扛不住了）：……呃，那啥，我有点事，先出去下。

群仔奶奶：你在北京又没有什么朋友，能有什么事？

群仔爷爷：我说……有事就是有事……你们先忙着，我出去了……

迅速换鞋，开门，关门。

木木&小懒：……

小群仔无辜地盯着爷爷的背影，表情困惑又淡定。

如果写作没灵感了❤❤❤

写稿的时候，突然觉得有些累。

小懒：木木啊，我突然没灵感了，怎么办？

木木：你不是看韩剧，里面说写作没灵感的时候穿上结婚时买的婚纱，灵感就如同韩寒说的“文思如尿崩”了吗？你把婚纱找出来呀。

小懒：可是咱们搬家后，我忘记把婚纱放哪里了。

木木：你好好找找。

小懒：把房间都翻遍了，也没找到。

木木：那怎么办？要不然，我陪你再去买件婚纱？

小懒：不行啊，我跟人说，我买婚纱是为了写作，谁信啊？人家还以为我跟你是二婚呢……

木木：……

你是干什么的 ❤❤❤

非常喜欢一位作家的某本书。

但是是在十多年前出版的。找了好多家书店，未果。

在网上看到有人转让，虽然是几个月前，还是抱着一线希望给对方发了短信，表明自己所求，因为是急性子，又加了句：

盼回复。

虽然小懒不太常上这家网站，但为了这本书，开始每天都登录。

一直等到第九天，终于看到对方留言：

“你这么急，要这本书，是想干什么？你是做什么的？在哪里？手机号多少？”

小懒：……为什么被对方这么一问，自己都开始怀疑，觉得自己像个做了什么坏事的嫌疑犯呢？

其实，只是一本情感信箱答疑的集子罢了。

这个盐都不盐了❤❤❤

小群仔睡着以后，全家人围坐在一起，看2010年广州亚运会的开幕。

小懒在一旁拿笔记本看美剧。

木木（突然地）：这个盐，都不盐了。

小懒：什么都不盐了？

木木：就是这么多人组成的盐啊。

小懒：人还能组成盐？乱讲话。

木木：我不骗你啊，你看看啊，一点都不盐。

小懒：到底搞什么？难道是我out了么？之前流行说打酱油，现在流行说盐了？

小懒好奇地凑过去一看——

原来是一个表演，好多人围成一个圆圈……

所以木木的意思是："这个圆，都不圆了。"……

Orz……

哇，长睫毛❤❤❤

小懒在《全世爱》第一部里，曾经写过，小懒的眼睫毛在一次厨房意外着火事件中被烧之后，一直很短。新的眼睫毛长出来后，用尽各种办法，却总是短短的。即便是买来最好的睫毛膏，刷在别人的睫毛上跟戴了假睫毛似的，但用在小懒这里，效果却微乎其微。

所以，每每买了朋友推荐的不错的睫毛膏，小懒只能软硬兼施，用诸如不用做家务、允许他玩几个小时的游戏等诱惑木木妥协，或是动用武力趁木木同学睡着的时候，用绳子把他的手捆上……才能偶尔在木木长长的几乎能投下几厘米长阴影的睫毛上，涂上重重的睫毛膏，过下瘾。

可木木并不能理解小懒的痛苦，他一直认为这对他来说，是奇耻大辱。

但是，事情终于在小群仔出生后，开始有了转机。

小群仔从出生，眼睫毛就比小懒的长，且似乎每天都在长，才几个月，眼睫毛的长度就几乎有赶超木木的趋势了。

小懒除了有“此生再无遗憾”的感慨，却也并不是太快乐。

木木：小懒，你看小群仔的睫毛多长啊，这下遂了你的愿了吧。

小懒（叹气）：还好吧。

木木：这你还不满足啊？

小懒：满足啊，可是……可是……

木木：可是什么？

小懒：可是又很发愁啊。

木木：有什么可愁的？总不会是怕他将来的女朋友嫌他眼睫毛太长吧？

小懒：那倒不是了。

木木：那到底是什么？

小懒：我是在想啊，反正我的睫毛，是不可救药了，这辈子我也不指望它还能有什么改观了。我愁的，其实是你们父子俩。

木木：我们父子俩有什么可愁的？

小懒：我在想啊，将来小群仔长大了，睫毛肯定还会更长，到时候我如果买到更好的睫毛膏，刷在他的睫毛上，效果肯定出奇的好。

木木（下意识地摸摸自己的眼睫毛）：咳咳，太好了，我总算解脱了。

小懒（继续）：可是一想到，如果我只刷小群仔的眼睫毛，而疏远了你，你一定会怪我的。

木木（频频摇头，摆手）：不会的，老婆，你放心吧，我绝对不会怪你的，我绝对不会有这个意思，关于刷睫毛这件事，你就可着小群仔来吧，我一点意见都没有。

小懒（认真地）：那可不行，都是我至亲至爱的人，我可不能偏向啊，我一想到给你们中的任何一个刷睫毛膏，另外一个就愤愤不平，你们彼此表现出争风吃醋的样子，我就受不了，我甚至都会失眠。

木木：我才不会为这个争风吃醋咧。

小懒：你就是不好意思承认，我懂的。不过没关系，你放心吧木木，我肯定会公平对待你们两个人的，绝对做到不偏不向。

木木：什么？

小懒：到时候，我一会儿给你刷刷睫毛，一会儿给小群仔刷刷睫毛好了。（若有所思）哇，两个人的睫毛，让我一个人伺候，我岂不是会很忙？

木木：你……

小懒：天啊，真愁人。到时候，我是先刷你的，还是先刷小群仔的呢？万一你们为谁先谁后打起来，我该怎么办呢？

木木：……

编辑和作者之间的暗语

杂志的专栏，又到了截稿日。

屡屡遭编辑催稿。

但是小懒酒足饭饱之际，又是那样一个没有风的艳阳天，一点写稿的动力都没有。

只好同编辑商量——

小懒：我挣扎着，矛盾着，纠结着，烦恼着，黯然着，伤神着，无奈着，郁闷着，焦虑着，痛苦着，闷闷不乐着……一点写稿的欲望都没有。

编辑：为什么？

小懒：嗯哼——都怪你，从来不夸我写得好。你说一个人写稿，得不到编辑的肯定和赞美，写稿能有什么心情和动力？

编辑：有读者肯定就行了呗。

小懒：可是读者肯定没直接告诉我啊。

编辑：人家不是把读者调查表寄到杂志社了吗？

小懒：可是我看不到呀。

编辑：那你想怎样？

小懒：不如你夸夸我吧，要知道，如果编辑常常对作者美言，作者写稿的动力和质量会强上很多倍的……

编辑（沉思）：如果你不要稿费，我愿意把好话说尽！

小懒：……

——找不到动力，还是不想写稿。

但编辑反复催稿——

无奈之际，小懒干脆停笔，写了一则《编辑和作者之间的暗语》——

编辑：稿子写完了吗——

答案：

1.已经构思好了，下笔很快的（其实一点想法都没有）。

2.已经写了开头（完全没动笔）。

3.写了一半了，很快写完（刚写开头）。

4.快结尾了马上给你（刚写开头）。

5.写完了，但我得整体顺顺（刚写开头）。

6.我觉得有点问题，想整体调下（刚写开头）。

7.我在外面，晚上给你（压根儿不想写）。

8.昨晚睡着了，一会儿给你（假装一直不在线）。

9.五分钟后发给你（迅速关机）。

10.已经发邮箱了，没收到？我现在在外面，晚上再发你一遍（还是完全没想法）。

11.电脑昨天进水了，正在修理（完全没想法）。

12.觉得自己写得好差，我要推翻重写（完全没想法）。

——编辑：你去屎！

小懒把这段《编辑和作者之间的暗语》发到了微博上。

结果，得到了大家极大的共鸣，广大作者和网友们纷纷转发，最后被一位悬疑作家作了接龙（由此可知作者们对付编辑，到底想了多少招数啊）：以下是接龙版本——

13.最近离婚了，生病了。（编辑：滚，你明明单身。）

14.已经发你邮箱了，你没收到吗？那我一会儿找到电脑再给你发一遍（其实还没写或刚开头）。

15.家里停电了。

16.在网吧，正准备给你传。但是网吧的电脑没有USB插口。

17.不给力啊，等到一台有USB插口的电脑，可是网吧也停电了。

18.网吧正在找发电机，等一会儿。

19.发电机没油，到处都买不到柴油，你知道的，最近油荒。

20.我刚刚换了家网吧，发现这家网吧也停电了。

21.听网吧老板说这条街全部停电，所以我正打车去西城区的网吧。

22.真是不给力，西城区戒严了，发生了一起抢劫银行案件。

23.我偷偷越过了警界线，被警察抓到以为我是犯人同伙。

24.犯人为了报复社会，说我是他们老大……

——我要被关几年，稿子交不了了。

最绝的是江南的版本——

25.稿子正在自我删除！原因不明！原因不明！它拒绝我的保存！

编辑（吐血身亡）：……

王海鸰老师的版本是："你这是编辑和年轻作者之间的暗语。像我们这岁数，编辑直着催稿，我一定会直着说：'不要催！'所以编辑对我的催稿方式是：'天凉了，注意加衣服！''要注意休息哦！'"

所以，今天的结论是——
关于催稿这件事，每个编辑都有一部辛酸史。

嘭嘭嘭，嘭嘭嘭

小懒起床后，去卫生间洗漱——
嘭！（撞卫生间的门了。）
洗漱完毕出来，在客厅饮水机那里接水。
嘭！（撞电视柜腿了。）
走到茶几这里，打开电视。
嘭！（撞茶几腿了。）
去餐桌吃饭。
嘭！（撞餐桌腿了。）
……
木木：你走路就不能看着点么？

这时，小懒的妈妈去厨房。
嘭！（撞厨房的门了。）
洗碗。
嘭！（撞橱柜腿了。）
到卧室穿上外套。

嘭！（撞床腿了。）

木木（沉默）：原来是遗传……

如果还出错，我就……

小懒去邮局给小群仔办理保险储蓄存折。

一时手欠，多画一个钩，工作人员说得拿表重新填。

为了加快速度，工作人员说："我帮你填吧。"

——结果她写错小懒和群仔的名字。

小懒尴尬地笑笑，结果对方说："你再去拿张表吧，这个是不能涂改的。您按照我的写清楚，就行了。"

小懒一笔一画地写完后，递给工作人员。

对方看了一下，又把表格递过来——

"小姐，您抄串行了……"

无奈之际，小懒只好再去拿一份表格。

一边写第四份一边说：

"哼，亲娘咧，这次还错，我就……我就……不走了。"

工作人员（瞪大眼睛）：？

小懒：老子留在这里练钢笔字帖……

工作人员：……

麻烦，帮我翻译下

小群仔开始了牙牙学语，每天咿咿呀呀地说个不停。

可是谁也不懂他到底说些什么。

什么时候，才能听到他喊第一声“妈妈”呢？真是又紧张又期待。

这天，天气不错，阳光灿烂，又没风。

小懒抱着小群仔出去晒太阳，走到广场附近，住在各个单元楼里的小朋友们早就出来了，一个个玩得不亦乐乎。

人一多，小群仔就来劲了，咿咿呀呀说得更欢了。

小懒拉住一个一周岁多一点，虽然有点大舌头，但已经能讲很多话的小朋友——

小懒：小朋友，你好啊。

小朋友（奶声奶气地）：阿——姨——好。

小懒：你手里拿的是什么呀？

小朋友：是气——球。

小懒：一共几个呀，你会数吗？

小朋友（认真地）：会呀，一得（个），两得（个），三得（个），四得（个），五得（个）……

——呃，虽然有点大舌头，但人家总算会说一些基本对话呀。

小懒：那个，小朋友，你能帮阿姨一个忙吗？

小朋友：什么忙呀？

小懒：你和我儿子，（指指坐在婴儿车里的小群仔）也就是这个小弟弟，是同龄人，你能不能帮阿姨翻译下，小弟弟在讲什么？

——该小朋友瞬间就呆住鸟……

木木啊，哄小群仔睡觉吧 ❤❤❤

欧冠开始了。

木木同学虽然每天上班很忙很辛苦，早上7点多从家里出发，晚上8点多才到家，但依然坚持选择在半夜爬起来看欧冠。

不管小懒怎么劝说他，身体扛不住啦，还要上班啊，依然说服不了他半夜看球的决心。

为了不让小懒唠叨，他还在下班后，主动承担起了哄小群仔睡觉的任务。

木木（讨好地）：好小懒，你就让我看欧冠吧。我现在哄小群仔睡觉。来，小群仔，爸爸抱，爸爸哄你睡觉觉~~（把灯关了，制造睡眠环境，抱过小群仔，唱起来）滚滚~长江~东~逝水~浪花~淘尽~英~雄~是非~成败~转~头~空~青山~依旧在~几度~夕阳红~白发渔樵~江渚上~惯看~秋月~春风~一壶~浊酒~喜相~逢~古今~多少事~都付~笑~谈中……

《三国演义》的主题曲木木唱了好几遍，小群仔终于迷迷糊糊睡着。可是木木刚把小群仔放到床上，小群仔就醒——他只肯被人抱着睡。

或者说，他只想爸爸抱着睡。

一旦爸爸把他放下，眼睛就睁得很大，东看西看，把身子扭来扭去，十分兴奋。

木木只得打起精神，重新哄。

如此反复几次，木木终于累了。

他想出了一个好办法，把小群仔哄睡着之后，连自己带小群仔一起倒在床上，让小群仔枕着自己的胳膊睡，自己也躺在枕头上。

他的打算是：待小群仔熟睡后，他再抽出自己的胳膊。然后把小群仔偷偷放回小床上。

于是木木再唱：滚滚~长江~东~逝水……

十分钟后，小群仔终于睡着。

但是……

但是……

但是……

木木同学怎么还不起来呢？

小懒等了一会儿，凑过去看：

“呼——哈——”

——木木同学成功地把自己哄着了。

我是一条小青龙，我有许多小秘密❤❤❤

小懒最近很焦虑。

木木一边没心没肺地玩着游戏，一边啃上两口苹果。

小懒：木木，你别玩了，你就不能过来安慰我下吗？

木木（头也不抬）：你又怎么了？

小懒：我最近发现了一个秘密。

木木：什么秘密？

小懒：是关于小群仔的非常重要的秘密！

木木（抬起头）：哦，小群仔能有什么秘密？大便干燥？还是尿裤子了？

小懒：不是这个啦……

木木：到底是什么？有话直说。

小懒：你没注意到吗？小群仔的额头两边，有些鼓。

木木（护短）：鼓又怎么了？扁下去才难看。这说明咱小群仔长得帅，这样才个性嘛。

小懒：可是，可是……你不觉得，像是要长出犄角来吗？

木木：……长什么犄角啊，乱讲话。

小懒：可是，如果真的长出犄角来……

木木（耐心且好脾气地）：不会的，你是他的亲妈妈，你是人类，你是非常正常的人类，所以你的亲儿子绝对不会长出犄角来。

小懒：可如果万一长出来怎么办？

木木：……退一万步讲，就算是小群仔将来长出犄角来，我们只要保护好他，别让什么人类研究中心之类的抓去给关到实验室里去就行了……

小懒：我倒不是担心这个。

木木（没好气）：那你到底担心什么？

小懒：我担心小群仔是小龙人……四处去找妈妈……

木木：你想太多……想太多……

编者注：《小龙人》是由中央电视台影视部、北京儿童电视艺术中心于1992年联合拍摄的电视连续剧，80后一代对其有着深刻的印象。该剧讲述了一只在故宫里沉睡多年的小玉龙被四合院的孩子吵醒，变成了一只头上长着犄角，又长着尾巴的小龙人，在孩子们的帮助下，历经千难万阻寻找妈妈的故事。小龙人相继认为翠翠婆婆、白鸽妈妈、龙女妈妈、雪山神女……是自己的妈妈，但是最后，她们告诉小龙人，中华大地才是小龙人真正的母亲……

我也是个懒蛋

小懒的爸爸对小懒哥哥的女儿，也就是小懒的小侄女说：

“你知道吗，姑姑有个笔名，叫小懒呢，姑姑用这个笔名，发表作品，出版书籍。你知道姑姑为什么取这样一个笔名吗？”

“为什么呀？”

“因为啊，小懒，谓之小懒而非大懒，小懒怡情，不伤大雅，又可享受生活……”

小懒的小侄女看看小懒，似有所懂，她想了想，说——

“是吗？爷爷。其实我和姑姑一样，也是个懒蛋呢。”

小懒：……

你最喜欢的运动是什么

有记者采访小懒。

聊了出版的长篇小说《流经存在的邂逅》，又聊起小懒的个人爱好和生活。

其中有一个问题是：

你最喜欢的运动是什么？

好语塞。

问一个宅女“最喜欢的运动是什么”就好比问一头牛“你最喜欢的肉是什么肉……”

但是总不好意思跟人家说“我平时没有什么特别喜欢的运动，我平日里最大的运动就是每天早上倒垃圾时上下电梯……”

太丢人了。

想了想，只好羞涩地回答——

“我喜欢的运动，是散步——”

对方有点尴尬。

之后忙不迭补答“还有跑步”。

隔天木木看到报纸，“小懒最喜欢的运动是跑步，这对一个女生来说，真是难得”。

木木：啧啧，真难得，咱们结婚这么多年，我怎么不知道你最喜欢的运动是跑步？

小懒：呃……

木木（揶揄）：难得呀，难得……不过，其实，我也理解，你可能觉得不太好意思说实话吧，我想你肯定是忘记了，其实你每天都作大量的运动啊。

小懒：大量的运动？你在说反话吧，别笑话我了，我知道错了，（握拳）

我打算洗心革面，从今天开始，好好运动！做一个运动达人！

木木：我才没说反话呢，你只是忘记了，你每天都在作运动，运动量还相当大呢。

小懒：什么运动？我怎么不知道？

木木：胃部运动、嘴巴运动啊！你每天吃那么多，胃部和嘴部不作大量运动才怪！

小懒：……

这么小，就懂得面对自己的感情

带小群仔散步。有个小女孩，一岁多，刚学会走路，得大人领着，晃悠悠地走。但一看到小群仔，她嘴角能咧出一朵花来，在后面拽着大人追着我们跑，嘴里喊着：

小弟弟，小弟弟。

天天如此。

回家后，小懒很矛盾。

木木见小懒神情紧张，问——

木木：怎么啦？

小懒（沉吟半晌）：你说，现在给群仔找个童养媳，是不是早了点儿？

木木：呃……发生什么事情了吗？

小懒：就是咱们楼里那小女孩，每次见到小群仔都拼命追，今天回来时，为了追小群仔，还摔了个跟头。

木木：呃……

小懒：我觉得吧，咱不能辜负人家的一片真心啊。可是现在万一我把小群仔的亲事定了，我怕他将来会怪我呀。

木木：我觉得吧……

小懒（继续自言自语）：那个小姑娘，你说，这么小，就这么痴情，这么勇敢地面对自己的感情，如果我置若罔闻，万一将来小群仔长大，真的和这小姑娘成了，还不得赖我这个婆婆当时没管太狠心啊……

木木：……

万一你老婆不同意

木木到派出所给小群仔上户口。

接待他的是一个年轻女警，态度说不上多友善，但动作倒是很麻利。

因为之前小群仔的学名，小懒和木木不是太满意，想改名，于是木木问——

木木：警察同志，您能不能把出生证上面的名字改了？

女警（非常严肃，正色道）：不可以，必须夫妻双方一起来签字提交申请，写清楚改名理由，由市局看过后，批准，才可以。

木木：为什么这么麻烦啊？

女警（抬头看木木）：如果你擅改名字，万一你老婆不喜欢，来我们派出所闹怎么办？

木木：可是这就是我老婆让我改的啊？

女警：我怎么知道？没准儿你是假传你老婆的圣旨，把本来你老婆很喜欢的名字，改成她并不喜欢但是你很喜欢的名字。

木木：……怎么可能？

女警：万一是呢？我们这不是破坏人民群众的夫妻感情吗？我们这不是破坏群众的大团结吗？这么重大的责任，谁担得起啊？

木木：……

哇，长睫毛

小懒的眼睫毛在一次厨房意外着火事件中被烧。
一直很短。
最好的睫毛膏，刷在别人的睫毛上跟戴了假睫毛似的。
但用在小懒这里，却微乎其微。
所以，每每买了新款睫毛膏，小懒只能软硬兼施，用诸如不用做家务、允许他玩几个小时的游戏等诱惑木木妥协，或是动用武力……
才能偶尔在木木长长的几乎能投下几厘米长阴影的睫毛上，
涂上重重的睫毛膏，过下瘾。
可木木并不能理解小懒的痛苦，他认为这是奇耻大辱。
转机——
小群仔从出生，眼睫毛就比小懒的长，
才几个月，眼睫毛的长度就几乎有赶超木木的趋势了。
将来小群仔长大了，睫毛肯定还会更长，到时候我如果买到更好的睫毛膏，
咳咳，
刷在他的睫毛上，效果肯定出奇的好。
太好了
我总算解脱了。
可是一想到，

哇，长睫毛

如果我只刷小群仔的眼睫毛，
而疏远了你，
你一定会怪我的。
不会的，我绝对不会怪你的，
你可着小群仔来吧。
那可不行，都是我至亲至爱的人，
我可不能偏向啊。
但是，我一想到给你们中的任何一个刷睫毛膏，另外一个就争风吃醋，
我就受不了。
我才不会为这个争风吃醋咧！
你就是不好意思承认，你放心，我肯定会公平对待你们两个人的。
到时候，
我一会儿给你刷刷睫毛，一会儿给小群仔刷刷睫毛好了。
哇，两个人的睫毛，让我一个人伺候，我岂不是会很忙？
!!!
天啊，真愁人。我是先刷你的，还是先刷小群仔的呢？万一你们为谁先谁后打起来，我该怎么办呢？
……

CHAPTER · 08 ❤❤❤

情侣吵架，愤怒到达沸点的时候啊，什么爱啊，什么相知相惜啊，什么举案齐眉啊，什么相敬如宾啊……都是浮云。

我们谈谈心吧

晚上。

小群仔在小床里，睡得呼哈呼哈，木木在大床上，也睡得呼哈呼哈。

两个没心没肺的小东西。

为什么只有小懒一个人在失眠？

翻过来再翻过去……再翻过去再翻过来……

睡不着睡不着睡不着睡不着。

不然，叫醒木木，谈谈心吧？

可是他会不会生气呢……人家木木同学，工作了一天，怪辛苦的，此刻把他叫醒，没准儿就是叫醒一头睡着的狮子。

要知道，脾气再好的人，也会爆发的。

黑漆漆的夜里，小懒一个人纠结着，矛盾着……

突然！

木木翻了个身，然后有意无意地看了小懒一眼，半梦半醒迷迷瞪瞪地问了一句：

“怎么还不睡？”

——这句话，真是救命稻草！

小懒一下子来了精神。

小懒：木木啊，我睡不着，能陪我聊聊天么？

木木（睡眼惺忪）：这刚几点啊，睡吧啊，睡吧。

小懒：我都翻了三个多小时的身了，数了三个多小时的水饺了……我都饿了，一点睡意都没有。

木木（含混不清）：你多努力，使使劲，使使劲就能睡着了。

小懒：木木，求你了，我实在睡不着，跟我说说话吧？距离咱俩好好说话、谈谈心聊聊天，是什么时候？你每天那么忙，下班回到家，看看电视、玩玩游戏、洗洗澡就睡了。咱俩好久都没有好好谈心了。要知道我现在在家天天带孩子，也不出去，我都快抑郁了……

木木（没个清净，烦）：好了好了，我跟你聊天。你说吧，我听着。

小懒：木木你真好。嘿嘿。（马上进入谈话状态）木木啊，你说，世界是由什么组成的呢？

木木：……

小懒：你到底有没有在听？我问你话呢，世界是由什么组成的呢？

木木（敷衍）：……男人和女人。

小懒：哦。今天新闻里，说新西兰地震了，不知道那里的人民现在在干什么，真为他们担心呀。

木木：哦。

小懒：你说，为什么会地震呢？

木木（打个哈欠）：上网查。

小懒：哦。现在影视界好多的明星情侣分手，你说这是怎么回事？

木木：不清楚。

小懒：好多人说，我再也不相信爱情了。可是，你说，为什么要让别人的爱情，左右自己的爱情观呢？

木木：……

小懒：分手，并不见得因此就悲观绝望成为失意人再也寻不到适合自己的亲密伴侣；牵手，也并不见得从此就过上幸福生活再也没烦恼，哪怕相处久了彼此不合适也要死磕到底绝对不分手。谁的爱情，谁知道~~~是吧，是这样吧，木木？

木木：呃……嗯……

小懒：咱明天晚上吃什么饭好呢？

木木（翻个身）：……随便。

小懒：对了，你说为啥北京今年下雪这么少呢？都快一年没见到雪了。天气真干燥。不会永远不下雪了吧，那可真悲哀。

木木：没准儿。

小懒：木木啊，北京的房价真高啊，一年比一年高，你说那么高的房价，人们还跟疯了似的抢，他们的钱都是怎么来的呀？

木木：不知道。

小懒：我在想啊，现在咱是没钱给小群仔买房子了。可是万一将来小群仔有了女朋友，因为没有房子，不肯嫁给他怎么办？小群仔的丈母娘到时候要是逼着他买房，买不起房就不把女儿嫁给小群仔怎么办？房价是不可能降的，土地资源是有限的，房子也是有限的，每年那么多外来务工人员，每年那么多大学生毕业要成家，房子永远不会降价的……

木木（腾地坐起来）：小懒，别瞎想了。快点睡觉吧。

小懒：完了，一想到小群仔买不起房娶不起媳妇，我就更睡不着了。

木木：……

小懒：我本来还指望跟你聊聊天，我能聊睡着呢，这下坏了，我一点睡意都没了。呜呜呜呜……我可怜的小群仔，妈妈不要你打光棍。

木木（叹口气，抓住小懒的双肩）：小懒，你听我说。

小懒（可怜巴巴地）：你说。

木木：咱们小群仔那么帅，将来肯定是媳妇给他买房。

小懒：我才不要小群仔吃软饭。

木木：怎么叫吃软饭呢？你没看到现在，单身的都是女人吗？过了二十五岁没嫁人，就被叫成大龄女青年，叫成剩女。男的永远都不老，啥时候娶老婆都不晚，也没人嫌，从这个角度来说，咱小群仔是在解救单身女青年啊，怎么叫吃软饭呢？再说了，俩人一结婚，就是夫妻的共同财产，所以关于房子这件事，谁有本事谁来扛，跟吃软饭一点边都沾不上。

小懒（狐疑地）：还是觉得不太光彩……

木木（决定使出绝招）：如果你还是觉得不踏实，其实，还有别的希望。

小懒（星星眼）：别的什么希望？

木木（摸摸小懒的头，温柔地）：你要相信政府，相信党！

小懒：……

绝密任务

小群仔昨天半夜3点醒来，非常兴奋，笑眯眯地望着小懒，无限深情……接着又东张西望，使劲地扭动着小身子，转来转去。

睁开惺忪的睡眼，爬起来，小懒哄他至5点。

早上照镜子，大范围的黑眼圈，眼睛肿得几乎看不到。

于是照着小群仔的小屁股轻轻打了几巴掌。

原以为他会委屈皱眉，或者撒娇哭泣。

没想到他咯咯笑，小身子使劲挺着，想要爬向小懒。

于是小懒彻底被融化了。

于是一冲动……给小群仔买了六七套的套装……

木木：你能不能不要老是把他搞得整个一“暴发户家的小孩”形象啊？这么多衣服，他穿得过来吗？

小懒：怎么穿不过来？要是一小时换一套，还不够穿呢……

木木（这话说得）：不能这么溺爱他。

小懒：谁说我溺爱他了？

木木：你给他买这么多衣服，还不算溺爱？

小懒（强词夺理）：才没有，我给他买这么多衣服，其实是为了培养他，历练他。

木木：历练他？我从来没听说过买新衣服就是历练。

小懒（边给小群仔试穿新衣服边说）：你看这套衣服，咱儿子穿上多神气啊。

小群仔（在床上使劲跳，完全不知道爸爸妈妈在争论什么）：……

小懒：啊，小群仔，你穿上这件衣服后，又神气又威武。（表情突然严肃起来）啊，未来战士！

小群仔（露出还没长牙的牙床，笑）：……

木木：……未来战士？呃，看上去，倒有那么一点未来战士的样子。但这就历练了吗？

小懒：你别着急啊，听我说！（抱起小群仔）未来战士！现在，妈妈要交给你一个绝密任务！

木木：绝密……任务？

小群仔（表情认真地）：……

小懒：小群仔，你准备好了吗？保卫地球的任务就交给你了！！！

木木：……

木木受到了伤害

写给曾经屡屡伤害木木的你——

这么多年，虽然小懒偶尔也做了一些伤害木木的事情。

但是。

但是。

但是。

……

——从来没有你，伤害木木伤得这么深。

一次重创。

再次重创。

一次又一次。

一年又一年。

木木是那么善良、执著，从骨子里信任你，毫无条件地爱着你，深情地等着你……

即便在公司加班到夜里零点，凌晨1点多到家，第二天早起7点还要起来去上班，只要你有需要，他依然选择在凌晨3点爬起来去看你。

他对你的好，曾经让我深深忌妒。

可我内心自知，在木木的心里，我的地位怕是永无可能与你相比。

而爱一个人，理应尊重他的感情。

所以，我也没有什么不能释怀的。

只是，到底意难平。

有时候，我觉得，你是过去，你存在于木木生活的每一处空间里。

更多时候，我觉得，你是现在，你影响着木木生活的每一丝悲喜。

我曾经问木木，当然，关于这个问题，怕是连你自己都忘记了——

可还记得，你伤害了木木多少次？木木说，说也说不完，罄竹难书。

你忘记了吧，你一定忘记了。

……

……

……

……

……

……

……

……

——你们以为是木木的前女友么？

不不不。

——我说的是中国足球。

——哼，你们想歪了。

你们这帮唯恐天下不乱的坏人。

小群仔是个小馋猫❤❤❤

小群仔慢慢长大，原来全身软软、只有眼珠会动的小小婴儿，小懒和木木起初连抱都不敢抱，生怕碰到哪里。

现在？

会灵巧地翻身，摆手表示拒绝，拿着玩具熟练玩耍，晃动着小腿踢小足球，慢慢有了自己的主意，慢慢开始表达自己的喜欢、不喜欢，接受、拒绝。

且由无欲无求变得主动索求。

尤其会——流口水。

具体表现在，看到别人吃东西，不论吃什么，他都馋，不停流口水。

或者，不停吧唧嘴。

或者，直勾勾盯着，那可怜的小眼神，让人不忍凝视。

如果一直不给他，倒也罢了。可一旦给了，怕他噎到你又抢走，则会号啕大哭，使劲蹬腿，眼泪啪嗒啪嗒地流下来，无限委屈，像是被抢走了挚爱的珍宝——其实，以他的年龄——哦，不不不，以他八个多月的月龄，这个阶段，这些东西对他而言，的确是挚爱的珍宝。

一旦得到，就绝对不肯失去。

小懒想，也许多年后，哪个姑娘遇上他，会得到一份完美的爱情的。

——咳咳，想远了。

回到刚才那个话题。

其实有了孩子之后，什么东西都会想到给孩子最好的。同木木结婚这么多年，要宝宝的计划一推再推，也不外乎是，希望有更好的经济条件，充分保证孩子出生后的物质条件。

但很多东西之所以不能给小群仔吃，是因为小群仔还太小，无法消化。

发展到后来，只要看到有人吃东西，不给小群仔吃，都号啕大哭。

看着他滚圆的泪珠啪嗒啪嗒流下来，真是心碎极了。

这种情况，你是不能指望同这个几个月大的婴儿讲道理的。

木木：哎呀，宝宝别哭了，你还太小，这个鸡翅你不能吃。

小群仔（毫不理会，大哭）：呜呜呜呜呜……

木木：小群仔，等你长大了，牙齿长全了，你想要什么，爸爸都给你买。

小群仔（声音越来越大）：呜呜呜呜呜（双腿还使劲乱蹬着）……呜呜呜呜！！！

木木（手忙脚乱）：别哭了别哭了……

小懒（大手一摆）：看来，我只能出绝招了！

木木：什么绝招？

小懒（抱起小群仔）：小群仔，别哭了，我告诉你呀——爸爸吃的是大便，可臭了！

木木（吞咽着鸡翅的嘴巴陡然停止）：……

斗地主啊斗地主

小懒在QQ上玩斗地主。

受木木影响，最近有点迷。

牌技差，牌也差，加上出错牌，屡战屡败。

好不容易来了一手好牌，双王外加四个二，余下顺子一顺到底。

小懒紧张、兴奋、冒汗……

正摩拳擦掌之际，对家逃跑了。

郁闷，生气！

——原来，打牌最关键不仅仅是你拥有一手好牌，更要有人肯和你对打，给你甩出好牌的机会！！！

2011年2月22日

今天是个特殊的日子。

不不不，今天是个可以让小懒非常开心的日子。

何以见得？

小懒：木木，今天是几月几日啊？

木木：饿月饿十饿日啊。

小懒：什么？

木木：饿月饿十饿日。

小懒：哪一年来着？2010年？

木木（仍然没发觉）：不是，饿零壹壹年。

小懒：你瞧我这记性，多少号来着？

木木：你今天怎么了？我说过了，饿十饿号……等下，你拿手机在干吗？

小懒：哦，没啥。就是我把你刚才说二（饿）的音录下来，做我的手机来电铃声了。然后顺手发了一则语音微博……让北方人见识下，南方人是怎么说二（饿）的。

木木：……

2011年2月22日。

是一个可以让木木不断说“饿”的日子。

吵架时就要哪儿疼戳哪儿

小懒和木木吵架了。

你们知道的，情侣吵架，愤怒到达沸点的时候啊，什么爱啊，什么相知相惜啊，什么举案齐眉啊，什么相敬如宾啊……都是浮云。

想要以绝对的优势压倒对方！！！

握拳！！！

最好直接秒杀掉对方的嚣张气焰，让对方哑口无言！

所以，吵架的时候，什么难听说什么、哪儿疼戳哪儿，是基本准则。

——再相爱的人，也如是。

因为都是……凡人……

谁都抑制不了强压下的愤怒。

吵架当然是用普通话吵，但一般来说，木木是占据下风的。

因为小懒嘴快，木木嘴慢，普通话讲不利索，生气和愤怒的时候，说普通话偶尔还结巴……

但这天，木木一反常态，彻底把小懒秒杀了。

小懒（得瑟）：哼，你不是挺厉害的吗，你怎么不说话了？有本事你说呀，你倒是说呀！

木木（压抑）：……

小懒：你头发短见识短，你舌头也短，所以才说不好普通话！

木木（沉默）：……

小懒：你有头皮屑你脚臭你长得黑，给你丢到非洲，都不用化妆的，你就是黑人兄弟……你不是喜欢离家出走吗，你怎么不走啊？我告诉你，我肯定是不走，你爱走就走。

木木（终于爆发）：你别以为我是好欺负的，我告诉你，我要是走了，你说，你一中年妇女，还带个孩子，谁要你！

小懒（被秒杀）：……

小群仔会说爸爸了 ❤❤❤

早上，小群仔开心地和姥姥在沙发上玩。

姥姥看着小群仔，嘴巴张得大大地、慢慢地，说：“小群仔，你跟姥姥学——爸——爸。”

小群仔（边玩手中的皮球，边看下姥姥）：爸——爸。

——虽然喊的不是妈妈，让小懒有些忌妒。

但小懒整晚都很开心。

因为这意味着，小群仔半夜再闹觉、半夜再哭泣、嘴里喊着“爸爸爸爸……”的时候，小懒就可以名正言顺地用脚趾头捅捅在一边睡得迷迷糊糊的木木——

“——嘿，孩子叫你呢。”

偶尔也说情话 ❤❤❤

一般来说，小懒和木木吵完架后。

该发泄的都发泄完了。

气都撒出去了。

也不压抑了。

心情也变好了。

开始各自检讨彼此的言行举止了。

看着彼此，也越来越顺眼了。

——吵架真是个增进夫妻感情的好方式呀。

木木：我昨天看到胡淑芬微博里写的一则情话，特别感动。

小懒：哪一则？

木木（温柔地）：他说，“我有一个想象中的女儿，在她青春的年纪，我会跟她讲，关于爱情。她会问我：爸爸，妈妈是你最爱的人吗？——而我现在所作的努力，就是为了，那一个回答。”

小懒（沉默片刻）：真好。

木木：我希望将来如果小群仔这样问起，妈妈是你最爱的人吗？我也可以像胡淑芬写的那样回答他——我以前、现在所作的所有努力，就是为了这一个回答。

小懒（拍拍木木的头）：乖。

木木：……

群仔的便便❤❤❤

小懒看到被奶奶抱着的小群仔，一时兴起，抱他过来。

结果，还不到三秒钟，便听到“扑叽”一声——

一团金黄色的热乎乎的大便缓慢地顺着小懒的衣服往下流。

——而小群仔的目光依然淡然且无辜。

急忙紧急召唤木木帮忙，拿湿纸巾来擦。

小懒：木木，小群仔便便了，快把湿纸巾拿过来。

木木（不动）：……

小懒（重复）：快点过来！

木木（干站着不动，继续看热闹）：……

小懒（生气）：再不过来，我发火了。

木木（叹气，不紧不慢地）：哎，擦什么擦啊，反正群仔吃的是你的奶，不脏。你自己舔舔得了……自己哪能嫌弃自己啊……

小懒：……

欢迎加入便便观察团

小懒：木木，忙吗？

木木：还行。怎么了？

小懒：我想邀请你加入一个组织。

木木：什么组织？

小懒：便便观察团。

木木：便便观察团？什么便便观察团？

小懒：有了小群仔后，我啊，几乎天天和屎尿亲密接触。每天小群仔拉便便出来，我都要观察是否金黄色、有没有大颗粒、干不干稀不稀，有时候，还要凑到鼻前闻是否有臭味……以此判断小群仔的消化情况、健康情况。

木木：呃……家里不是有纸尿裤吗？你干吗不用？

小懒：夏天太热了，纸尿裤糊着太难受了。

木木：……我不加入，这种组织，有你一人就够了。

小懒：那怎么行？人家说，做父母的，尽量不要错过小孩的每一刻成长，这才是成功的父母、负责的父母。而且小孩的成长，你错过了今天，就是错过了。明天又是另外一个样。时光是很快的，可能只是一晃神的工夫，小群仔已经能走路了，上学了，交了女朋友，工作了，结婚了，有了自己的孩子了……

木木：你也太夸张了吧。

小懒：一点儿也不夸张，你不信去问问你爸你妈。

木木：倒是有那么一点道理。

小懒：所以，你同意加入我们便便观察团了是吗？

木木（含糊地）：算……是吧。

小懒：太好了，这位先生，欢迎你加入小群仔便便观察团。首先，我，作为便便观察团的团长，对你的加入，表示热烈的欢迎。

木木：谢……谢谢啊……

小懒：我们便便观察团是非常务实的，今天你新加入，就得开始干活。

木木：干什么活，小群仔不是还没大便么？

小懒：是这样，我这几个月，不是天天都观察小群仔大便吗？我啊，琢磨出一副对联来。

木木：什么对联？

小懒：低头细闻黄金屎，出手双捧喷泉尿。

木木：呃……你闲着没事接他的尿干吗？

小懒：他待着待着就尿尿，没穿纸尿裤，跟喷泉似的，我下意识的反应就是用手接啊，用手接都来不及……

木木：那你说让我干活，是啥意思？

小懒：呃，你能帮我想个横批不？

木木：……横批啊？我想想（我到底是有多无聊，陪你想这个横批）！

小懒：想出来没？

木木：有了！

小懒：是什么？

木木：一把屎一把尿把你喂养大！

小懒：……

决定智商的基因

小懒从网上看来一则资料：

“根据生物学的研究发现，决定智商的八对基因全部位于X染色体上面。由于男性的染色体是XY，而女性的染色体为XX，因此，如果生的是女孩，智商一半来自父亲，一半来自母亲，她的智商同时受到父亲和母亲的共同影响。而如果生的是男孩，则智商全都是来自母亲。

“这个研究并不能揭示男生和女生哪个智商更高，但能够告诉我们男生和女生智商分布的方差哪个更大。多数人认为，因为女生智商受到父母双方的影响，具有平均效应，因此她们的分布会呈现正态分布，就是中间最多，两边较少。相反，男生因为是完全只受母亲一方影响，所以男生智商分布的方差更大。也就是说，天才中男生比较多，但同时，蠢材之中也是男生特别多。这个论据也正是前任哈佛大学校长Lawrence Summers 2005年所提出的，女子在科学和数学领域成功的概率小于男子的先天性别原因。他为此丢掉了校长的职位……”

哇，这么神奇。

也就是说，小群仔聪明与否，完全取决于小懒啊！

额滴个亲娘四舅老爷啊！

木木回家后，小懒讲给木木听，并且，开始可劲儿得瑟。

小懒：木木啊，你就感恩戴德吧，幸亏我智商还行，你要是娶个傻老婆，小群仔的智商可没救了。没准儿，小群仔就是个傻子了。

木木：废话嘛，如果我娶别人，哪里还有小群仔？

小懒：呃……我不管，反正你要是想让小群仔将来聪明，就得好好伺候我。

木木：这是什么逻辑？

小懒：你要是对我不好，我就把我自己彻底搞傻……

木木（你太豁得出去了吧）：你就是个神经病……够狠的啊。

小懒：去，给我打盆洗脚水！

木木：……

小懒：给我削个苹果。

木木：……

小懒：一会儿你把地拖下，把脏衣服洗了。顺便把垃圾倒下去……

木木（突然琢磨过味儿来）：不是吧，你可别把我当傻子啊。我且不说这个理论是真的还是假的，就算是真的，如果你一生下来，就是个傻子，那直接决定小群仔的智商。可如果你是后天变傻，并不能影响小群仔的智商啊！

小懒：……

木木：你居然想用这点来威胁我……我突然开始担心小群仔的智商……不会像你这么傻吧……

小懒：……

从那以后，教小群仔学东西，比如再见挥小手，比如要求他吃东西的时候递给爸爸吃，比如把尿尿的时候……如果小群仔很配合，木木就会说——

"哎，那个理论纯粹是胡说八道，小群仔能这么聪明，完全是遗传了爸爸的智商啊。"

如果小群仔只知道自己玩，完全不配合，木木就会说——

"哼，那个理论果然还是有点道理啊，小群仔这么不听话，完全是妈妈太傻了，影响了你的智商啊……"

小懒：……

背黑锅

木木的同事，在淘宝发现了一家专门卖海货的店。

其中碳烤鱿鱼干非常美味，买的时候，一人七八袋，直接团购了。

结果，每袋250克，一共七袋的鱿鱼干，一晚上，就全部报销了。

小懒叮嘱木木次日上班再去买几袋。

木木点头同意了。

第二天。

木木同事：小懒，你家木木真馋啊，七袋鱿鱼干啊，他一晚上就都吃完了。

小懒：呃……谁说的？

木木同事：早上他去找帮大家买鱿鱼干的同事，说昨天的已经吃完了，今天再买几袋。于是我们大家都笑话他，说一个男生，居然这么馋……他还脸红，特别不好意思。

小懒：呃……其实你们错怪他了，他远远没有这个实力。昨天七袋鱿鱼干，我一个人就吃了六袋。

木木同事：……

于是MSN上问木木。

小懒：鱿鱼干都是我吃的，你同事笑话你馋的时候，你为啥不解释？你是忙，懒得解释？还是觉得老婆大人那么能吃，传出去会很丢人？

木木没说话，只是发了一个笑脸的表情。

过了一会儿，木木发了一行字——

“我想，也许，一个人爱你，也包括他并不介意为你背‘馋嘴’的黑锅。”

小懒：……

作者交稿前是孙子 交稿后是大爷 ❤❤❤

作者交稿前是孙子，交稿后是大爷。

跟编辑大人交了稿子，小懒变得非常嚣张。

正是杂志的出片日，即将下印厂。

编辑各种忙，校对、催稿、出片……

小懒非要拉着人家编辑聊人生，聊理想，聊育子……

顺便聊聊他小学同学的隔壁邻居的小姑娘的二姨的儿子的同桌的发型……

编辑快疯了……

作者QQ群里。

编辑：最烦你们这些爱拖稿写完了又倍儿得瑟的主儿。就说苏小懒吧，下午我都忙疯了，被批正郁闷呢，她“BIU！”一下跳出来把稿子甩给我，然后很轻快地调戏我：还记得你小学同学的隔壁邻居的小姑娘的二姨的儿子的同桌的发型不？

小懒：如果你不忙，我想跟你聊下一个读者曾经同我探讨过的话题。你觉得火星上有水吗？有生命吗？有人类吗？他们也有七情六欲吗？

编辑：闪开！

小懒：……此刻不调戏编辑更待何时？作者们，冲啊，大家有冤的报冤有仇的报仇！咱作者们从今天开始，站起来了！

编辑：……

爸爸打赤膊

小懒给《读者》杂志原创版写稿，开了个“独门秘籍”专栏，专门给广大陌生男女答疑解惑。负责这个栏目的编辑大人，也就是每个月都催小懒稿子的，叫王飞，就是上文提到的编辑。

他也是新手爸爸。

有个可爱的儿子，叫小西牛，大群仔一岁半。

每天，他都会在微博里记录小西牛的成长，非常有趣。

而木木和小懒，是忠实读者之一。

每次看到后，木木和小懒都会交流一番。

以下文字摘自王飞的微博：

《小西牛日记》：

1.

小西牛，爸爸打赤膊是因为天气热，而不是要给你喂奶。你要有这方面的需求还是找妈妈……啊，不许咬爸爸……啊，也不许揪腋毛！

木木：以后不论天多热，我都不要打赤膊。还是套个背心或者T恤安全啊……

2.

物价飞涨，牛爸牛妈很有压力，一致认为必须开源节流。

然而股市低迷、加薪无望，经过反复权衡，认为让小西牛挣压岁钱是一种积极稳妥的方案。

计划分三步走，自即日起至元旦前训练小西牛拱手作揖，明年一月学习发“恭喜发财”或“红包”音，二月初巩固成果确保万无一失，力争收入较上年翻一番。

小懒：木木，咱也同步进行吧……物价飞涨，咱压力也大啊。人家王飞这是在提醒咱们啊。让小群仔挣压岁钱，得分秒必争……

木木：怎么进行？

小懒：把“恭喜发财，红包拿来”这句话录下来，反复放给小群仔听，让小群仔提前说话，见谁跟谁说。力争让每一个见到小群仔的人，不好意思不给红包！咱不止过年说，平常也说，你觉得这样下去，等到小群仔长大，咱能凑出给小群仔结婚时买房子的首付不？

木木：……

3.

周日，带小西牛去早教中心初体验。面对陌生的环境和新鲜的面孔，宅男难免紧张，但很快被玩具吸引。玩耍中，小西牛屡次因为抢夺和遭遇抢夺与小朋友发生摩擦。回来的路上，我和西牛妈感叹孩子们不懂得分享，需要有针对地进行培养。进了小区，迎面遇见一只小狗，西牛妈当然不会放过这次机会。

她对小西牛说：牛牛，把你的葡萄干给小狗吃一点好不好？

小西牛很争气地说：好。

西牛妈很欣慰：那么…

其实她想说，那么也给爸爸妈妈吃好不好？但想了想，又觉得不值当。

万一小西牛一口回绝，我们岂不连狗……都不如了？

木木：小群仔，来，把你手里的香蕉，给爸爸咬一口。

小群仔（不理）：……

小懒：小群仔，来，给妈妈咬一口香蕉。

小群仔（不懂）：……

木木：啊，不愧是我的崽啊，有自己的主见！又讲卫生，又担心给爸爸妈妈吃了，减少了爸爸妈妈自己拿的运动，对健康不利。真体贴呀……我好感动……

小懒：……

4.

每次小西牛摔跤，俺们都很心疼，心疼他摔疼，担心他摔笨。

晚饭时，小西牛又仰面摔在地板上，后脑勺磕到沙发框，其声骇人。

西牛妈慌慌张张抱起小西牛哄，小西牛渐渐止住哭声。

两夫妻心有灵犀，马上对小西牛进行能力测试。

我说：叫爸爸。

小西牛叫爸爸。

我问：香蕉怎么说？

小西牛答：banana。

木木：虽然，但是……呃，小西牛真是可爱。但还是别让小群仔摔倒好呀……

小懒：小群仔才八个多月，还不会走，目前摔不着……

木木：未雨绸缪。对了，你英语还行吧？

小懒：干吗？

木木：香蕉怎么说？叫老公！你工资卡放哪里了？密码是多少？28加54等于几？

小懒：我又没摔跤……

木木：我只是担心你的智商日渐衰退，变得退化了，想给你促进下……顺便为小群仔长大后有可能摔跤提前演练。

小懒：……

5.

小西牛，这封信写给你，不知道你什么时候能看到，也不知道你什么时候能看得懂。妈妈刚才在卫生间大哭了一场，因为伤心和深深的自责。如果前晚我们回来得早一点，或许你就不会吃坏肚子。

昨天，我们就可以带你上街去过个真正的圣诞，而不是让你可怜地待在家里。昨天出门的时候我们哄你，你还没有烦我们，我们应该感到庆幸才是……已经两天了，你都没有怎么吃东西，唯一让人欣慰的是，你吃药很乖，那些草莓味巧克力味的药你都不拒绝，就好像所有的甜都是一种奖励。明天，必须得抱你去医院输液了……

我写的“小西牛日记”，大多是开心的故事。你带给我们那么多的快乐，应该记录下来——有太多事，过了便过了，过了就忘了。但我想，还有一些其他的内容应该记录，比如今晚的泪水和我们犯下的错。

不管“小西牛日记”会有多少人看到，你才是我最想要的读者。等你长大，我们交给你的不止是照片和视频，还有生活中这些琐碎的故事，这些串在一起，才是你的成长和我们的幸福。

小懒：看得好想哭。

木木：每个做了父母的人，都能理解这份心情。

小懒：不管这本书《全世爱Ⅲ·家有虎崽》有多少人看到，小群仔是我最想要的读者。以后的故事只说给你一个人听。

木木："你的成长，和我们的幸福"这句话说得真好。

如果小群仔被班主任叫家长

周末。

小懒和木木陪小群仔在游戏垫上玩。

小群仔不停地用脚去踢皮球，还时不时用手捅木木的眼睛，或者抓下小懒的耳朵。不然就是把玩具翻过来，抠电池。或者把游戏垫翻过来，抠底部的商标……

非常淘气。

这时，小懒突然照着小群仔的屁股打了一巴掌。

木木（不乐意）：你干吗？好端端打小群仔干吗？

小懒：哼，我一想到这淘气孩子长大后上学，天天淘气，就生气。到时候，肯定是天天要被老师叫家长的。咱俩就等着到时候被小群仔的班主任跟三孙子似的训斥吧。

木木（狐疑地看了下小群仔）：不至于吧。

小懒：怎么不至于？我举个例子，比如说，就是现在，小群仔因为给女生写情书，他班主任打给你，叫你去见他。你怎么办？

木木：呃，我就说，这事我不管，你找他妈去。

小懒：……不行，你必须去，你正经点。咱们提前演练下，小孩子都很机灵的，搞不好长大了咱们对他一点辙都没有。

木木：我想想。写情书了是吧？嗯？（摆出一副严肃面孔）这么小就不学好，你怎么能跟你妈学呢?

小懒：……

木木：哎，我看下，这情书，不是你妈写给我的那封吗？老师啊，对不起呀，这都怪我老婆管教无方……

小懒：……

小懒的多种职业❤❤❤

木木，你好，我是你的秘书小懒，9点你的同事某某找你。

木木，你好，我是你的秘书小懒，你的领导要你下午2点开会。

木木，你好，我是你的秘书小懒，你的朋友某某两分钟前打来电话，请速回电话。

木木，你好，我是你的秘书小懒，合作伙伴某某，有急事找你。

……

——小懒在做什么?

木木的手机今天落在家里，电话响个不停，甚至公司开会都是手机短信通知。

小懒只好充当秘书一职。

小懒：我告诉你啊，我的劳务费每小时低于十块钱，我不干!

木木（叹气）：唉，我本来想给你二十块的！既然十块你就干，那就这么定了。

小懒：……

于是从今天起，小懒有了三个职业：作者（偶尔写稿）、贤惠女人（照顾群仔和木木）、专业秘书←←←←←（视情况而定）。

小群仔是个小馋猫

小群仔慢慢长大，看到别人吃东西，
会流口水，会不停吧唧嘴。
但很多东西之所以不能给小群仔吃，
是因为他还太小，
无法消化。
看到他哭，真是心碎极了。
可你又不能同几个月大的婴儿讲道理。
哎呀，
宝宝别哭了，
你还太小，
这个鸡翅你不能吃，
小群仔，等你长大了，牙齿长全了，你想要什么，爸爸都给你买。
呜呜呜呜呜……
呜呜呜呜呜……
别哭了别哭了……
看来，
我只能出绝招了！
什么绝招？
小群仔，别哭了，
我告诉你呀——爸爸吃的是大便，可臭了！
……

吵架时就要哪儿疼戳哪儿

每次吵架，明明是我不讲道理，我自己还号啕大哭时，不论之前我冲动之下说了多么难听的话，你看到我哭时都会舍不得，会说——都是我的错，都是我不好。

小群仔，别哭了❤❤❤

小群仔睡觉醒来后，不知道什么原因，或许是没睡够，一直哭。

木木抱着小群仔，耐心地哄着。

木木：小群仔呀，别哭了，爸爸唱歌给你听吧……暗淡了~刀光~剑~影~远去了~鼓角~铮鸣~眼前~飞扬着~一个个~鲜活的~面容~湮没了~黄尘~古道~荒芜了~烽火~边城~岁月啊~你带不走~那一串串~熟悉的姓名……兴亡~谁人定~啊啊~~~盛衰~岂无凭~啊啊啊啊啊啊~~~~

小群仔（哭）：……

木木：好啦好啦，别哭了，那么，爸爸讲故事给你听。从前呢，有一只小黑蚂蚁，它啊，到了娶媳妇的年纪了。于是每天就到蚂蚁姑娘们最多的地方去散步……

小群仔（大哭）：……

木木：小群仔，别哭了，爸爸跳舞给你看吧。（站在客厅里，各种张牙舞爪）嘿嘿嘿嘿……啊啊啊啊啊……biubiubiubiubiu！……

小群仔（号啕大哭）：……

木木（抓耳挠腮）：小群仔，求你了，别哭了，这样吧，爸爸做广播体操给你看。（运动起来）一饿（二）三四五六七八，饿饿（二二）三四五六七八，三饿（二）三四五六七八，四饿（二）三四五六七八……

小群仔（继续哭）：……

木木（黔驴技穷）：小群仔，你别哭了，这样好不好，爸爸放屁给你听！

小懒：……放……屁……给群仔听？？？

木木（表情专注）：扑……扑……扑……

小懒：……

小群仔：……

雪上加霜

木木下班回到家，看上去心情非常不好。

嘟囔着嘴。

皱着眉头。

沉默。

小懒：木木，你怎么了，发生啥事了？看上去好像丢了500块钱似的。

木木（木然抬头，语气悲愤）：比这个严重。

小懒（紧张地抓住木木胳膊）：啊，天啊，难道你们公司把你辞退了？天啊，咱们家还有房贷没有还清啊……

木木：哎呀，才不是呢，怎么可能，你脑子里怎么想的尽是这些东西？

小懒：那到底是什么？

木木（叹气）：今天我们部门一位同事，犯了一个错误，罚款500块。

小懒：哦，这跟你有什么关系？

木木：虽然错误不是我犯的，但我作为她的上级，作为负责人，被罚款

1000块。

小懒：所以，今天咱们家，一共支出了2000块？

木木（诧异地）：怎么是2000块？我不是说了吗，1000块，我被罚了1000块。

小懒：我知道。但今天我逛街了……

木木（双重打击）：……

我真的只是想讲笑话

小懒的看书时间。

木木的看球时间。

相安无事。

突然，小懒爆笑。

木木开始还故作镇定看球，见小懒笑得越发夸张，忍不住探过头来——

木木：小懒，你在笑什么？

小懒（忍不住捧腹）：哈哈哈哈哈……

木木（越发好奇）：到底在笑什么？

小懒：这本书……实在太好笑了……哈哈啊哈……

木木：有那么好笑么？

小懒：我念给你听啊，这是奶猪写的一本书，家庭饭饭，上至姑妈下至侄儿相聚一堂。众人要小辈表决心，长大后如何孝顺父母。小侄儿摸着姑妈的脑袋——以后你们老了，大小便失禁了，我就给你们买条好狗狗，给你们舔干净……（忍不住又大笑起来）哈哈哈哈哈……不行了，笑得我肚子疼，真是童言无忌啊。

木木（皱皱眉）：哪里好笑啊？太恶心了吧……再说了，人家狗还不乐意呢……

小懒：你为啥就不能有点幽默细胞啊？这么好笑的段子……居然觉得不好笑。

木木（摇头）：告诉你啊，你别拿这个忽悠我，又想养狗。

小懒：我才没那么想呢，我要是能有这么好的创意这么童真的思想，我早就不是我了。

木木（义正词严）：我说过了，不许养狗！咱家群仔太小了，现在养狗，一身狗毛，满屋子都是，对小孩子很不好的。

小懒（虚弱地）：你多想了，我真的……

木木（打断）：少废话，别再磨叽了，养泰迪熊犬也不行，还什么世界上最聪明的狗狗，不掉毛没有臭味，我才不相信，哪有不掉毛的狗？少拿书打马虎眼！就算狗将来能舔大小便……我也不同意！我不是那么好骗的。你就死了这条心吧。

小懒：……

小懒好累

小群仔喜欢笑。

白天不睡觉的时候，会扬着头，笑眯眯地看着你，只要你看向他，对他作出任何一个举动，笑脸、眨眼睛、招手、撅嘴巴、发出各种搞怪的声音……他都会发出“咯咯”的笑声给予回应。

可爱极了。

——那时候，他是天使。

到了晚上，本该一觉睡到天大亮，但小群仔总是睡得不太踏实，一个晚上经常要闹好几次，短则半个小时，长则两三个小时。经常是小懒刚睡着，小群仔就醒了，又哭又闹，只好抱起来哄。在床上哄他还不干，必须下床走来走去……所以经常是小懒刚睡着，小群仔醒。抱起来哄，小群仔终于睡着，小懒开始失眠。好不容易有点睡意，小群仔又醒……只好又抱起来哄……彻底没睡意，于是睁眼等天亮。

气得要发疯。

——这时候，他是恶魔。

婴儿夜里啼哭的原因有很多，热了冷了饿了撑了做噩梦了憋尿了缺钙了……小懒咨询了医生，也跟很多妈妈取经，采取了很多方法，但效果平平。

如果在小群仔哭闹的时候第一时间发现了，迅速拍拍他，轻声哄一哄，过五六分钟他也就睡着了；如果晚了那么几秒钟，他可能已经翻过身趴着用黑溜溜的小眼珠看你，没个三五十分钟是哄不着的……这些事情没办法指望木木，因为木木同学第二天要上班，且木木睡得比较沉，任凭小群仔哭得震天响，他依然睡得呼哈呼哈……

只要保持着高度敏感，一切并不算太坏，顶多小懒睡不好而已……可如果其间木木同学感冒了……那就比较严重了。

木木同学一感冒，扁桃体和淋巴结就会肿。

扁桃体和淋巴结一肿，就会流鼻涕。

一流鼻涕，鼻子就会不通气。

鼻子一不通气，夜里睡觉就会打呼噜。

他一打呼噜，小群仔就会醒。

……

——所以每当小群仔被木木的呼噜声吵醒的时候，小懒只好赶紧用手拍小群仔的后背。

——小群仔好不容易睡着，木木又咳嗽，怕他吵醒小群仔，小懒只好赶紧用手拍木木的后背。

——木木好不容易止住咳嗽，睡着了又开始打呼噜，小群仔被吵醒，小懒只好用手拍小群仔的后背。

——小群仔好不容易睡着，木木又开始打呼噜，为了提醒木木不要再打呼噜，小懒只好赶紧用手拍木木的后背。

——木木好不容易不打呼噜，又开始咳嗽，小群仔被吵醒，小懒只好再用手拍小群仔的后背。

……

发展到后来，小懒只好一手拍木木，一手拍小群仔。

凌晨1点钟。小懒一手拍小群仔，一手拍木木。

凌晨2点钟，小懒一手拍木木，一手拍小群仔。

3点钟。

4点钟。

……

黑漆漆的夜里，小懒不断叹气。

——听人说，男人是永远长不大的，每个男人的心里都住着一个小孩。所以，形容男人保持一颗童心，有“每个女人在结婚之后，会发现自己有了一个丈夫的同时，也多了一个儿子”的说法。

——可是，小懒明明觉得，如果一个女人生了儿子之后，会发现自己有了一个小儿子的同时，还有一个大儿子。

……

早上7点钟。

小懒终于等来了天亮。

木木（早上醒来，满意地伸个懒腰）：小懒，精神不错嘛，你昨晚是不是打呼噜啊？看来，睡得很香啊。

小懒（双眼无光）：我跟你拼了……

鄙视没有黑眼圈也没有双下巴的人！！！

同雪糕娘抱怨自己现在是黑眼圈，双下巴……

雪糕娘说，切，现在咱们黑眼圈和双下巴才是主流。

让我们鄙视那些没有黑眼圈也没有双下巴的人吧……

——小懒被治愈了。

雪糕娘每次说话，都那么温暖小懒受伤的小心灵。

棒棒糖多久吃完呀

小懒的妈妈吃普通大小棒棒糖，一天用舌头扫上二十分钟，分五天吃完。每次吃完还用糖纸包上，原因是太酸，一天吃不完。

小懒批评她脏。

小懒的妈妈：又没让你吃，管我干吗？

小懒的爸爸：你把这事发到网上，让大家笑话她。

小懒：……大家不管这事。

小懒的妈妈：那你帮我问下大家，他们吃棒棒糖，都几天吃完啊……

小懒：……

他顺树爱上了她

木木的两个大学同学，同时也是当年班内唯一一对校园情侣毕业后结为夫妻的，最近来家里看小群仔。

木木：这个男生，好玩吧？说话喜欢挤对人，但偏偏技术差，每次都被别人反挤对了。他啊，因为名字和猩猩谐音，我们都叫他大猩猩！

小懒：大猩猩……倒是挺像的。

木木：不止啊，他水果里，除了香蕉，其他都不喜欢吃。他和他老婆，也就是今天来的这个女生，是大四的时候才在一起的。

小懒：好晚。为啥不大一就在一起？

木木：不知道了。反正大四的时候，这个男同学突然间顺树爱上了……

小懒（打断）：顺树？为啥要顺着树？就算外号是大猩猩……可是追求女

生也没必要按照猩猩的套路来啊……

木木：不是，是顺——树，不是顺树！

小懒：顺树，又不顺树？啊，我懂了，难道他们俩第一次约会是在树上？爬上去的？

木木（急得摆手）：不是顺树，就是很快，形容很快，顺树嘛！你怎么听不懂普通话！

小懒：你说的，是迅速吗？

木木：就是顺树啊，我刚才说的就是顺树啊！你什么耳朵！

小懒：……跟我读，xun—su！

木木：shun—shu！

小懒：x—ü n—xun！迅！s—u—su！速！

木木（认真地）：sh—un—shun！顺！sh—u—shu！树！

小懒：……

男人，要散养呀❤❤❤

过年期间，木木去海南老家过年。

小群仔太小，担心他水土不服以及坐飞机不方便的问题，同妈妈回河北外公外婆家过年。

晚上，小懒想给小群仔拍视频，发现DV没电了，于是给木木打电话。

电话接通后，一片嘈杂，还伴随着各种娇滴滴的女声。

木木（正在和朋友们斗地主）：啥事？

木木朋友A的老婆（在A的示意下，抢过木木手机，按了免提，柔声细语）：哎哟，木木，亲一个嘛。

木木朋友B的女友（娇滴滴地）：木木，你不要乱摸人家嘛。

木木朋友C的未婚妻（嗲嗲地）：木木，不早了，我们去睡吧……

木木朋友D、E、F、G的女友（起哄）：哇哈……哎……嗷嗷嗷嗷……

小懒（镇定地）：呃……DV的电源放哪里了？

木木（顶住压力）：放在笔记本的包里面。

小懒：好的……

木木（忍不住解释）：那个，其实我周围，是……

小懒（大度地）：嗯，没关系，我懂。你们玩得开心点哦！加油！

木木：……

木木朋友A（抢答）：他在这边乱搞，你居然这么大方？

小懒：男人么，散养才是硬道理！

木木朋友A&B&C&D&E&F&G（目瞪口呆）：……

次日。

木木一个人在家给小懒打电话。

木木：小懒，你真的那么信任我啊？昨天要是男生装的，还有可能被你识别出来。可昨天真的是女的啊，是那帮朋友们的家属啊，就是想陷害我，可你为啥不上当啊？你真的对我那么放心吗？

小懒：还好吧。

木木（感动地）：小懒你这么好，这么信任我！我现在在朋友那里，老有面子了。我无论如何都不会辜负你的这份情谊。

小懒：才不是咧，别乱感动。是昨天在电话里说话的那帮女人太傻。

木木：怎么说？

小懒：你要是真想干点啥坏事，不可能用自己的真实姓名。至少取个“阿龙大鹏”之类的名字嘛，她们“木木木木”地叫个不停！一听就知道是设计好的。

木木：……

大实话❤❤❤

小懒去菜市场买菜。

小懒（问菜摊老板）：谁家的猪肉好？

菜摊老板：我对面这家。

小懒（不解）：为啥？

菜摊老板：因为他家是整个菜市场里卖肉的当中，注水最少的一个！

小懒：……

遛乌龟❤❤❤

带小群仔出去晒太阳，看到几个六七岁的小男生围在一起，七手八脚地用树枝拨弄一只小乌龟。其中一个居然提议，“用石头砸吧，看它脑袋出来不出来”……

有点不忍，小懒走上前，向小家伙们灌输一通要爱护小动物之类的道理，小家伙们听完之后，嘻嘻哈哈笑上一阵，就跑开去玩别的。丢下小乌龟、小懒和小群仔，六目相对。

怎么处置呢？如果扔在这里，难免会受到类似伤害。

干脆带回家，放在闲置的小鱼缸里。开始小乌龟并不理会大家，给什么也不吃，慢慢混熟了，开始在家里横行起来。

周末木木没有上班，小懒提议带小群仔到户外活动时，木木突然心血来潮，说，也带上小龟吧。

木木：遛遛小龟吧，它不能天天在家里憋着啊。

小懒：不要吧，人家会笑话我们的。

木木：我们不能活在别人的唾沫星子里。管他呢。关键是小乌龟作为我们的家庭成员，经常出去，见见世面，晒晒太阳，心情也会很好，然后会长得很健康很快啊。你还说要爱护小动物，原来都是假的。

小懒（勉为其难地）：呃，也行，遛倒是没问题，可是它走路那么慢，怎么跟得上我们的速度？

木木：我先把它放在我的手掌里，一路走，一路捧着它晒太阳。这总行了吧，反正我不用你操心，总行吧？

小懒：行吧。

于是小懒推着小群仔的婴儿车，里面坐着小群仔，木木手里高高捧着一只小乌龟……在大好的艳阳天，去户外活动了。

沿着河边走了二十多分钟后，木木高高擎着胳膊，一边不停换手，一边看着在河边玩玩具车的小朋友，若有所思。

突然——

木木：小懒，我有事先回家一趟，你先陪小群仔玩，我一会儿就回来。

说完，木木就一溜小跑，也顾不上小懒要说什么，一个人急匆匆冲着家的方向去了。

五分钟后——

木木出现。

只见他手里牵了条绳子，绳子后面——居然，绑着那只小龟。只见小龟像穿上了旱冰鞋，木木在前面牵着它跑，它的步伐一点也不踉跄，出溜出溜，跑得极为神速。

小懒（惊讶地张大嘴巴）：木木，你怎么把绳子拴在乌龟的壳上了？

木木（得意地）：这样才叫遛乌龟嘛。

小懒：……可是……你即便用绳子把小乌龟绑上，它走得也是照样慢啊。你刚才是怎么做到跑得那么快的？还有，这乌龟壳上，绑得乱七八糟的，都什么东西啊？

木木（把小乌龟放在地上，手攥住绑乌龟的绳子，跑起来）：我把小群仔玩具车的4个轱辘卸下来了，然后用线穿起来，绑在乌龟身上。你看，像不像滑轮？

小懒：呃……

木木（继续牵着小乌龟猛拉绳子）：惊喜不惊喜，意外不意外……开不开心？

小乌龟（老子晕死了）：……

小懒：……

小群仔（爸爸在做什么）：……

看动画片 ❤❤❤

实在受不了群仔爷爷。

每天都会准时而热情地充满期待地守在电视机前看——

动画片《小鲤鱼历险记》。

木木：老爸，我们看点别的行不？

木木的爸爸：不要啦，这个很好看啊。

木木：可是，这有什么可看的啊……

木木的爸爸：这比什么打仗啊、枪杀啊、离婚啊……好看多了。你看这小鲤鱼泡泡，又可爱又善良，又有活力，又爱帮助人……看了这个，觉得生活充满了希望！

木木：……

小群仔打疫苗 ❤❤❤

婴儿满月之后，就要开始每个月到社区卫生站打疫苗。

这让作为新手妈妈的小懒非常头痛。

从小就很少打针，更别提打点滴之类，小懒都不敢看护士把针头扎进陌生人的胳膊。而给小群仔打疫苗，是要配合护士的。先把胳膊从袖子里拖出来，然后对着护士的方向，紧紧按住小群仔，防止他乱动。

一般来说，小群仔到了卫生站，对周遭的一切感到非常好奇和新鲜，频繁地转着小脑袋看来看去。尤其是周围的孩子们很多，满月到十岁不等，他们中，有排队等候打针的，有打完了针号啕大哭父母在一边劝的，有打完了针在楼道里观察停留的……小群仔只顾看这些，全然不知道接下来会发生什么。

一边是护士拿着的注射器，一边是小群仔百分百信任你绝对不会伤害他的笑脸，只是一个瞬间，尖细的针头刺入小群仔的嫩肉……伴随着小群仔“嗷”的一声，小懒的心，碎得稀里哗啦。

几次三番后，为了让自己减轻痛苦，小懒作了一个艰难的决定——

带上木木。

木木虽然表示也很有压力，但看到小群仔哭的时候，他迅速蹲下来，伸长脖子：

“汪汪汪……汪汪汪……”

虽然自己老公大庭广众之下学狗叫，很尴尬。

可看到小群仔破涕为笑的样子，小懒想，小群仔，你是有多幸福啊，爸爸并不介意为了你在大庭广众之下丢人。

可笑过之后，可能还是有点疼，小群仔又开始哭起来，任凭木木学完了狗叫学猫叫、小牛叫、山羊叫、老虎叫……还是哭个不停。

这时，轮到了一个比群仔大那么几个月的小男孩打针。只见他表情痛苦，嘹亮的哭声回荡在整个大厅内，滚圆滚圆的眼泪啪嗒啪嗒往下流。

——小群仔终于不哭了。

他把身子探过去——

看热闹。

原来，人类看热闹的本性，是从婴儿开始就有的啊。

小群仔总便秘❤❤❤

小群仔一直便秘。经常是三四天才便便一次，而且拉出来的便便又干又硬，每次都憋红了脸，使劲，非常痛苦。小懒为此想了很多办法，喝果汁啦，添加益生菌啦，多吃蔬菜啦，给小群仔揉肚子啦……可基本上没有任何效果。

有一阵，全家人就像久旱逢甘露的农民一样，天天期盼着渴望着小群仔拉便便。

这天，木木和小懒抱着小群仔出去玩。

正值冬天，小路两旁的柳树，只剩光秃秃的枝丫。

小懒（柔声细语）：小群仔，你说，到了冬天，为什么叶子都落光了，小树，为什么都光秃秃的呢？

小群仔：……

小懒：不如，我们让爸爸给小群仔讲讲小树到了冬天叶子就会落光的原因吧。

木木（玩自己的，浑然不觉，东跳跳，西蹦蹦）：……

小懒（踢了木木一脚）：爸爸，快点，给小群仔讲知识！

木木（愣神）：啊，叶子落光了是吧。这样的，小群仔，你知道叶子为什么都掉光了吗？这是因为小群仔不大便，小树们没有肥料，养活不起树叶，所以都掉光了……

小群仔：……

木木：你要是再不便便，小区里的小树，就都要瘦死了……

小群仔（爸爸妈妈我压力好大）：……

木木：而且，小群仔啊，爸爸告诉你吧，你老是这样便秘的话，交不到女朋友的。

小懒：这跟交不到女朋友有什么关系啊？

木木：一传十十传百，小群仔便秘的秘密会被大家广泛传播开来，大家只要见到小群仔，就会说，看到那个小孩了么？就是他啊，不肯便便。我们大家不要嫁给他！

小群仔（爸爸妈妈我压力好大）：……

回到家里。小懒在客厅写稿，木木在玩游戏。

小懒的妈妈在卧室同小群仔玩。

不一会儿——

小懒的妈妈（扔过来一个装着群仔便便的塑料袋）：我给你们夫妻俩报喜了，来块切糕吃吧！

小懒&木木：……

难道上午的话，小群仔都听懂了么？

——原来，小群仔是个爱护树木的好孩子。

——还是说，小群仔这么小，就想恋爱了呀？

木木面壁思过

木木拿回家一本折纸书，打算折给小群仔玩。

但难易度从五降到二，每次折到七八步，就卡壳了。

不甘心，又找了难易度为一的，折腾俩小时，依然没突破。

木木：小懒，你试试看，看能不能成功折出这个小方桌。唉，我这么聪明的人，居然连这个都折不出，是不是这本折纸书编错了，把步骤给弄乱了啊？

小懒（漫不经心地）：行吧，我试试。

木木：我突然间好焦虑，你说，万一不是这本书的错，如果你也折不出来，小群仔遗传咱们的智商啊，你说，他将来的智商会不会有问题？他智商如果有问题，就没有学校收他，这样，将来就不会找到一份好工作……他的整个人生，我的天啊……

小懒（边斗地主边聊Q边上微博）：我试试嘛，别急。

五分钟后，小懒成功折出。

木木（面壁思过）：……

小懒：我的天啊，我老公的智商有问题啊，这么简单的东西，他都折不出，我跟他结婚前，从来不知道他的智商是这样的啊，会不会影响下一代啊……小群仔将来的智商会不会有问题啊？他智商如果有问题，就没有学校收他，这样，将来就不会找到一份好工作……他的整个人生，我的天啊……我晚上可怎么睡啊，我以后的人生要怎么过啊……

木木：……

过瘾

木木每每去海口，都会带一箱小懒最爱吃的释迦果。

两个拳头那么大的释迦果，在海口二十二块钱一斤，北京是……二十三块一斤，只差一块钱。

叫木木不要买了，不如小懒从北京买。

但是木木说："如果你从北京买，你是不会舍得买一箱的。而给你买一箱，你就可以吃得很过瘾了……"

——原来，一个人爱你，不但了解你的脾气秉性各种喜好，也包括，让你吃你所喜欢的、平时并不舍得大肆购买的水果，吃到过瘾！

最温暖的事情

小懒：木木，你觉得，我为你做过的最温暖的事情，是什么？

木木：最温暖啊，你给我生了个崽。

小懒（语塞）：换一个……还有没？

木木（作思考状）：还有每天都往我的背包里放两种水果到公司去吃，每次打开拉链都觉得很温暖。那你呢？

小懒：就是每次吵架，明明是我不讲道理，我自己还号啕大哭时，不论之前我冲动之下说了多么难听的话，你看到我哭时都会舍不得，会说——都是我的错，都是我不好。

木木：——这就温暖了？

小懒：对啊，反正当咱俩不论针对什么事有争议时，只要你主动承认你是错的，我是对的，我就觉得很温暖。所以，你不会让我觉得不温暖吧？

木木（咬牙）：……我尽量。

小懒：那你一会儿能把地拖了，西瓜切了，小群仔的奶瓶小碗消毒，茶几桌子什么的都擦一遍，然后晚上再哄小群仔睡觉，明天下班送我一束玫瑰，然后每次回家上楼前都高喊一声“小懒我爱你”么？

木木：……

我自己的事情 自己解决

如果将来小群仔上学，做了什么调皮捣蛋的事情，班主任打电话叫家长，就让小群仔说：“我妈妈说了，我自己的事情，我自己解决！我爸爸妈妈是不会来的！”

——从小就有后遗症的小懒发誓，绝对不让学生时代动辄叫家长的忐忑又绝望的心情在孩子身上重现！！！

木木：这不好吧，万一小群仔真的干了啥坏事呢？

小懒：咱小群仔这么可爱的孩子，怎么可能会干坏事？再说了，就算是干坏事，他这么聪明的混血儿，不可能让老师发现是他干的，至少能嫁祸给别的同学之类的。

木木：混血儿？什么跟什么啊？还嫁祸……我的天，我一想到你这样教育小群仔我就头大。

小懒：混海南岛和秦皇岛嘛。

木木：你少转移话题。我到时候就拉着老师的手，说，老师，该打打，该骂骂。千万别手软。

小懒：我看谁敢动咱们家小群仔一下试试！想当初我上中学的时候，语文老师心情不好，听到我接下句，就过来拧我胳膊，还让我罚站一周。我当时就说了——你是我老师，我尊敬师长，第一下，是我让你的，你只要再敢动我一下，我绝对还手。

木木：后来呢……

小懒：后来语文老师再也不理我了……上课提问啊，连作文都不给我打分……

木木：所以，吃到苦头了吧。孩子的老师你伤不起的。

小懒：从小被老师欺负的小孩的家长，更伤不起！我让小群仔从小就学习跆拳道，什么咏春拳啊之类，强身健体同时有门武艺在身，不随便欺负别人，也绝对不让别人欺负，包括老师。然后从小学习四书五经，同时还借鉴西方国家比较先进的教育制度，重在各种素质的培养……

木木（打断）：睡吧。

小懒：我还会让小群仔……然后……还要看哲学书……心理学啊……你不知道，小男孩啊，很调皮捣蛋的……打架啊、斗殴啊、追小女生啊，指望着老师在学校管教……等等，你拿DV干什么？你拍我干吗？

木木：我要把你说的这些录下来，如果小群仔班主任真叫我们去开家长会，我就直接把这段视频发给她嘛，就说这都是我老婆的主意，跟我可没关系！

小懒：……

男人很难

小懒写字，从不给木木看。

因为——

假若木木赞扬小懒，小懒会怀疑因为自己是他的妻子，他不忍批评，所以虚情假意一番，赞扬下给予鼓励。夫妻之间还这般虚情假意，是不是有点太悲哀了呢？

假若他批评小懒，小懒会觉得他既然是自己的丈夫，看不懂小懒的表达，不理解小懒的文字，内心又觉得悲愤，甚至对爱情产生怀疑……

木木：你把问题上升得有些忒高了……

小懒：所以，为了夫妻和睦，还是不要给你看吧！

木木：……

小懒的妈妈很焦虑

木木下班回来，带回一袋朋友送的精装的盐水鸭。

因为小懒的妈妈已经做完了饭，所以木木说，明天再吃吧。

第二天一早，木木就去上班了。

到了晚上，小懒的妈妈做完饭，打开这袋盐水鸭，结果赫然发现——

只有半只。

小懒的妈妈，很焦虑。

在客厅走来走去。

小懒：妈，你怎么了？

小懒的妈妈（神情慌张）：木木马上就要下班了，怎么办，怎么办？

小懒：什么怎么办，发生什么事情了？

小懒的妈妈：昨天那袋盐水鸭，只有半只！

小懒：那又怎么了？

小懒的妈妈（坐下来，焦虑）：你说，木木回到家，会不会认为，我把另外半只给偷吃了！包装袋上又没有写，这叫我怎么解释啊？

小懒：不会的，木木不会那么小气啦，再说了，就算是你吃了，他也不会介意。

小懒的妈妈：怎么不会？我是他的长辈，有了好吃的，理应给他留着。可是，如果被他误会，是吃了半只，我怎么受得了啊！

小懒：呃……要不然这样，咱俩迅速把这半只盐水鸭吃掉，然后木木回来的时候，咱俩就说那只鸭子啊，里面都臭了，长毛了，于是我们就扔了……行不？

小懒的妈妈（头摇得似拨浪鼓）：这可不行，这样一来，我不就是真的偷吃了吗？那更说不清楚了。

小懒（叉腰）：妈，没关系的，我以前吃东西，都是吃独食，从来不给木木留的。五斤芒果，我能吃四斤。八个鸡翅，我能吃六个。

小懒的妈妈：我的天啊，你咋是个这样的人啊？你得疼自己的老公啊，做人不能这么独。

小懒：他想吃，我也给他买啊，有时候我也给他吃独食啊。关键是他吃不了那么多，作为一个男人，他的志在四方……

小懒的妈妈：还是不行，木木一定会想，有其母必有其女，你总吃独食，这次肯定是我干的！这样吧，你去超市逛一逛，看有没有类似的，买一整只回来。

小懒：我才不要。我忙得很。

小懒的妈妈：拜托你了……

这时，门铃响，木木突然下班回来。

木木：哎，你们在做什么？

小懒：哦，我妈叫我……

小懒的妈妈（打断）：啊，木木，是这样——这只盐水鸭吧……那个（语无伦次地解释）我拆开之后，发现里面只有……只有……半只。

木木：哦，半只啊，没事，半只就半只呗，咱们吃饭吧。

小懒的妈妈（无端地神色慌张）：好。

一时无话。

饭毕。

睡前。

木木：你今天是不是偷偷吃了半只盐水鸭啊？

小懒：什么？

木木：今天看咱妈慌里慌张的样子，估计是在给你作掩护吧？是不是她从来没说过谎，实际上是一整只鸭，结果你偷偷吃了半只，咱妈看不过去，觉得你太欺负我了，为了让我不必太难过，同时也为了维护你在我心目中的地位，于是骗我说只有半只鸭！

小懒：没有，里面真的只有半只鸭！

木木：哼，谁信！今天咱妈慌得都不敢看我，还不是因为她觉得你这个女儿让她抬不起头来！

小懒：……

小群仔，别哭了

小群仔睡觉醒来后，不知道什么原因，一直哭。
小群仔呀，别哭了，
爸爸唱歌给你听吧……暗淡了～刀光～剑～影～远去了～鼓角～铮鸣～眼前～飞扬着～一个个～鲜活的～面容～湮没了～
黄尘～古道～荒芜了～烽火～边城～岁月啊……
好啦好啦，别哭了，爸爸讲故事给你听。从前呢，有一只小黑蚂蚁，它啊，到了娶媳妇的年纪了。
于是每天就到蚂蚁姑娘们最多的地方去散步……
小群仔，别哭了，爸爸跳舞给你看吧。
使出浑身解数。
嘿嘿嘿嘿！
啊啊啊啊……
biubiubiubiubiu！……
小群仔求你了，别哭了，这样吧，爸爸做广播体操给你看。（运动起来）一饿（二）三四五六七八，
饿饿（二二）三四五六七八……
小群仔，你别哭了，这样好不好，爸爸放屁给你听！
……放……屁
……给群仔听？？？
扑……扑……扑……
……

遛乌龟

今天你休息，我们带小群仔户外运动吧！
遛遛小龟吧，
它不能天天在家里憋着啊。
不要吧，人家会笑话我们的。
但小乌龟作为我们的家庭成员，晒晒太阳，心情也会很好，然后会长得很健康很快啊。你还说要爱护小动物，原来都是假的。
呃，也行，遛倒是没问题，可是它走路那么慢，怎么跟得上我们的速度?
我把它放在我的手里，一路捧着它晒太阳。
小懒，我有事先回家一趟，一会儿就回来。
五分钟后——
木木，这乌龟壳上，绑得乱七八糟的，都什么东西啊?
我把小群仔玩具车的4个轱辘卸下来了，然后用线穿起来，绑在乌龟身上。你看，像不像滑轮?
呃……
惊喜不惊喜，意外不意外……开不开心?
老子晕死了……
……
……

想要验证一个人是否爱你，拍拍他的头，看他能够跑多少圈，跑的圈数越多，证明爱得越深啊。

夫妻吵架之必杀技

同木木去超市买东西。

木木要去附近的家居装修店买灯泡，于是二人分头行动。

小懒进了超市非常兴奋，因为要在家里带小群仔的缘故，平时难得出来。冷不丁进了超市，看到什么都想买。于是，超市里但凡经过的地方，基本上都被小懒下手了。

从三楼服装百货到二楼日用品再到一楼副食品，黄桃罐头、酸奶、婴儿饼干、饮料、奶茶、漱口水、袜子、各种水果、各类蔬菜，鸡呀~鱼呀~送到~哪里去~送到~我们滴~购物车里去……

很快，超市提供的银色大购物车已经堆满了东西，多到每走几步，东西就要掉下来的程度。

但放眼望去，还有好多东西没买呀，小懒意犹未尽之际，又取了一辆最大的购物车……蛋糕！蛋挞！冰激凌！……

等到小懒察觉有什么不对劲儿时，发现木木已然黑着一张脸站在自己面前。

木木（强压心头的怒火）：你这是在做什么？

小懒（毫无察觉）：买东西呀！

木木：你都买了一堆什么用不着的？

小懒：谁说用不着了？哪个都用得着啊。

木木：你买两把拖布做什么？

小懒：这个拖布，头又大，又是纯棉的，肯定比咱们家的好使……

木木（翻翻拣拣）：买这么多洗碗布干吗？

小懒：消毒用的洗碗布，就应该三个月一换啊，这样才卫生嘛。

木木：这袋蛋糕，明天就过保质期了啊，放回去，还有，那个又是什么？

小懒（眉飞色舞）：这个啊，哈哈，这个说起来就好玩了，（边拿边演示）这个是包饺子器，捏饺子器啊，只要把皮放进去……

木木（强压怒火）：那西瓜也没必要买两个吧？

小懒：我打算下周一周都不出来了，我要写稿啊，三天才吃一个西瓜，我够节省的了，你又不是不知道我吃水果的威力。

木木：……这么多东西，车里根本放不下。

小懒：怎么可能放不下？地方嘛，只要挤挤，总还是有的。

木木：这样会容易把车搞坏的。而且，你以前经常买很多东西，都不吃，放坏了就扔。咱家都扔了多少蔬菜了？还有好多东西，一次都没见你用过，后来都被你偷偷扔掉了，别以为我不知道。（越说越气）不行，这个不能买（从购物车里往外扔东西），这个买一个就行了，这个根本用不着啊，你就是图新鲜啊，放回去……

眼见着小懒辛苦半天的成果，被木木同学一个个放回原处，眼见着到手的鸭子要飞走，小懒不禁怒从心上起，恶向胆边生！！！

小懒（大吼）：你给我住手！你给我放到购物车里去，你个神经病！

木木（反击）：你才是神经病，你有毛病，你乱花钱不算，你还打算买一堆东西回去，搞坏我的车，你浪费资源，你最喜欢搞破坏，你就是见不得我快乐（一直喋喋不休）……

……

周围逛超市的人们，开始假装买东西偷偷靠拢过来，实际上是想离近些看热闹。有的人一边漫不经心地翻拣着大白菜，一边竖着耳朵听。有的人，一边假装不经意地捏几个西红柿，一边好奇地盯着小懒和木木看。有的人，捧着一个大冬瓜，在小懒和木木身边窜来窜去……最过分的，是一老大娘，干脆撕去了伪装的面具，走到小懒和木木身边，全神贯注地观察着木木和小懒。

小懒的面子越来越挂不住，频频向木木使眼色。

——可是，木木这个人，怎么说呢？

六年多的婚姻生活，免不了磕磕碰碰，这么多年却依然和谐相处，小懒是有秘诀的。

木木看上去稳重而成熟，素日里，木木的脾气也很好，非常温和。但是如果你先发脾气惹到他，他就会发生360度大逆转，平时有多温和，当时就可以有多暴躁。

他的暴躁，当然也是有度的，如果你让着他，他发发牢骚也就好了。可如果你火上浇油，他……基本上咆哮完，就可能离家出走了。木木虽威胁好几次要离家出走，但都未遂，这是因为，小懒同木木吵架时，拿捏得还算比较准，关于夫妻吵架这件事，一定要有一个人掌握着遥控器，什么时候熄火，什么时候浇油，那可都是有讲究的。

话说回来，眼见着围观的人越来越多，小懒已经憋个大红脸，木木却视而不见，没发泄完，他是不会停止的：

木木：今天都花了多少钱了，嗯？有多少东西根本用不着？&*（）（*（……

木木：%……&*你怎么能这样叫我伤心呢&*（）……&#￥#@

木木：你太叫我失望了#￥……&*&*（

木木：￥%……&*&#我简直难以想象，你还是当初那个我认识的你吗？

——人越来越多。大爷大妈叔叔婶婶哥哥姐姐弟弟妹妹们……他们欢呼着，雀跃着，窃窃私语着……

小懒想，不行，必须出绝招了！

不能再这么丢脸了。

再让木木继续下去，都能上报纸的社会新闻版了。

想到这里，小懒大手一挥：

小懒：好了，别吵了。你不就是因为跟我谈恋爱六年，每年都跟我求婚，我却迟迟不答应你，不给你名分，才导致你在这里借题发挥吗？

木木（呆住）：你说什么？

小懒（叹口气）：我想好了，婚总是要结的。我肯定也会娶你的。你也别因为这个老找碴儿了，今天下午咱们就去民政局，把婚结了。把名分给你，省得你天天跟我闹！

木木（彻底傻掉）：什……么……

小懒：好了，别闹了，回家吧。准备下户口本，我答应娶你。你现在回家问你妈妈，要多少彩礼钱？无所谓啦，多少我都会给的。

木木：……

——看热闹的大爷大妈叔叔婶婶哥哥姐姐弟弟妹妹们：天啊天啊天啊天啊……

木木是不是嫌弃小群仔啊

小懒的妈妈在家里不断叹气。

唉。唉。唉。

小懒：妈，你怎么了？

小懒的妈妈（欲言又止）：……

小懒：到底怎么了，跟你闺女有啥不能说的？

小懒的妈妈：那行，我要是说错话了，你可别介意啊。

小懒：不会的，妈，你说吧。

小懒的妈妈：那个，木木是不是嫌弃小群仔啊？

小懒：没有啊，你怎么会这么想？

小懒的妈妈：木木之前，是不是想要个女儿？

小懒：没有啊，他就是觉得只要是我们的宝宝，男孩女孩都会爱啊。妈，你到底在讲什么？别闹了，有话直说。

小懒的妈妈：如果他不嫌弃小群仔，为什么每天“蛾子蛾子”地叫小群仔？

小懒：呃……妈，你听我解释……

小懒的妈妈（打断）：要知道，在咱们老家，蛾子，叫瞎蝴蝶。管自己儿子叫瞎蝴蝶，这不是嫌弃是什么？

小懒：……

亲爱的听众朋友

小懒在网上买了几包风干的手撕牛肉。

同城快递两天都没到。这期间，有人打小懒手机，响一声就挂。小懒回拨过去，对方又拒绝。如此反复再三，再也没有消息。

算了，不想这个，还是问问牛肉干什么时候到吧……

小懒联系店家。

五分钟后又有人打小懒手机，响两声就挂。

店家：你手机号是136******71吗？还是给错了？

小懒：没问题呀，就是这个手机号。

店家：可是快递公司坚持说号码不对。

小懒：怎么可能？

店家：他们说，一打你手机，就打到广播电台的直播间进行直播，不过是送牛肉干，为啥非得整人家，给搞到直播间去啊，这不是故意涮人玩吗？

小懒：……呃，那是我的彩铃。

店家：人家说不是彩铃，就是直播间，算了，我打下试试。

小懒：呃……

一分钟后。

店家：你为什么要把彩铃设置成“这位听众朋友，您好，您的电话现在已接进我们直播间了，现在不仅机主能听到您的话，收音机前所有的听众也能听到……您要是有什么话，您就赶紧说吧……”快递公司说给你打了十几个电话了，每次都进直播间，一般人谁受得了这个啊，人家就想踏踏实实送快递，不想干别的。

小懒：……

小懒的妈妈有绝招

哄小群仔睡觉，是小懒和木木公认的艰巨任务。

小家伙慢慢成长，开始用他黑溜溜的小眼睛打量和观察着这个世界。只要他醒着，家中所有的东西，家具家电啦、玩具啦……他都感兴趣，想让爸爸妈妈抱着凑近，看一看，摸一摸，哪怕是困得睁不开眼睛，他也使劲挣扎着，想再多玩一玩。

每每到了午睡或者晚上睡觉的时间，虽然困得不停揉眼睛，打哈欠……他依然强打精神，使劲扑腾着，左顾右盼着，小脑袋像个拨浪鼓似的转来转去。

木木和小懒哄的时候，要抱着他走来走去，给他唱歌、拍拍，一样都不停地坚持至少折腾半个小时以上，他才有可能睡着。

可是小懒的妈妈有绝招。

她哄小群仔睡觉的时候，会要求小懒和木木隐退到别的房间，充分保持哄睡眠空间的安静，她则抱着小群仔在客厅里，一声不吭，走来走去。

走来走去……

走上不到五分钟，有时候甚至是两分钟都不到，小群仔就睡得呼呼的了。

让小懒和木木叹为观止。

隔日。

小懒笑嘻嘻地坐在妈妈身边。

小懒：妈啊，我能跟你商量件事么？

小懒的妈妈：什么事？这么嬉皮笑脸的。

小懒（猛夸）：话说您老人家真是厉害啊，小群仔那么难哄睡，您居然一下子就把他哄着了。实在是太厉害了。真是老将出马，一个顶俩啊！

小懒的妈妈（得意地）：那是。

小懒：不过，其实，我有件事想找您帮忙。

小懒的妈妈：什么事？

小懒：我怕我说了，您不同意啊。

小懒的妈妈：没事，你说吧，自己亲闺女，有啥不同意的？

小懒：那个，我失眠一周多了，您能哄我睡觉吗……

小懒的妈妈：……

等待木木施以援手

周六日，木木在家休息。一周五天的忙碌，高强度的脑力工作，加班到凌晨一两点是家常便饭，让木木这个五尺男人每每到了周末，像一团瘫软的泥。

基本上这个时候，你让他做什么家务，都是不可能的。

小懒也理解，所以家里绝大多数的家务，比如洗碗拖地啦，擦桌子洗衣服啦……基本上没让木木碰过。群仔爷爷奶奶在北京的时候，就群仔爷爷奶奶和小懒做，等到群仔爷爷奶奶回了海南，就是群仔姥姥和小懒做了。但体贴他，是体贴他，在家务活儿特别多的时候，还是希望木木能够主动施以援手啊。

这天，小懒给小群仔洗完澡，又手洗了小群仔的秋衣秋裤、保暖上衣保暖裤、外套羽绒服、鞋子、袜子（之所以手洗没选择机洗，是因为手洗更干净和放心），接着洗小群仔的奶瓶碗筷、消毒，然后用吸尘器把包括主卧、次卧、客厅、厨房所有房间吸过一遍，再拿上拖布，开始从主卧和次卧拖起。

真的有点腰酸腿疼。

此时，小懒的妈妈在厨房做饭，同时哄小群仔。木木同学上午哄过小群仔之后，下午斜靠在沙发上抱着笔记本玩游戏。

小懒：唉……

木木（不为所动）：……

小懒（边捶腰边拖地）：哎哟……

木木（不为所动）：……

小懒（决定慢慢引导，靠近木木坐下来）：木木啊，你在干吗啊？

木木：废话嘛，当然是玩游戏了。

小懒：呃……你就没什么想对我说的么？

木木（抬头）：说什么？（迷茫地）我没什么想说的啊，天天在一起，哪里有那么多话要说？

小懒：你再好好想想（冲着房间努嘴）真的没什么想说的？（笨蛋，我是想让你主动帮忙啊。）

木木（巡视房间，若有所思）：哦，你这么一提醒，我倒是想起来了，的确是有话对你说。

小懒（欣喜地）：什么话？

木木：你客厅还没拖呢。快去，拖干净点哦！

小懒：……

什么叫翻滚啊

小群仔会翻身了。

小懒：小群仔已经能翻滚了，从床的这头到那头。

小群仔奶奶：翻滚是什么意思啊？

小懒：就是翻过来，再滚过去。

小群仔奶奶：不懂。

小懒（躺到床上滚了一圈）：就是这样啊。

小群仔奶奶（恍然大悟）：话说你还真是笨啊，你为什么不让小群仔翻给我看嘛？

小懒：……

狡猾的父与子

木木最近又迷上了一款新游戏。每天玩得几乎都废寝忘食了。下班回到家，还没吃饭，就打开电脑玩；吃饭的时候，一边吃一边玩；就连上厕所大号的时候，都抱着笔记本进卫生间……电视基本不看了，球赛基本不关注了，晚上几次叫他睡觉也爱搭不理的，如果小懒不冲木木咆哮，他恨不得天天玩通宵。

但你第二天要上班啊，你要开车啊，每天的劳动强度那么大，你身体吃不消啊……

这天，小懒叫木木去睡觉，木木说："你先睡，我一会儿就去了。"结果小懒半夜2点半醒来，发现木木同学依然奋斗在游戏一线……见到小懒他也理亏，手忙脚乱地开始关电脑，小懒于是二话不说揪着木木的耳朵就进了卧室。

木木：小懒，再让我玩十分钟吧。我马上就要过关了。

小懒：不行。

木木：求求你了。

小懒：NO。

木木：拜托了，真的只有十分钟！

小懒：滚！

木木：那……我出去喝口水。

少顷，木木偷偷摸摸地回来。

小懒没在意。

不一会儿，发现木木用被子蒙上了头。

小懒（把被子掀开）：你睡觉蒙头干吗？

木木：外面风声太大了，我睡不着啊。

小懒：哦。

木木（拉过被子蒙住头）：好了，睡吧。

大概是凌晨4点，小懒被木木的笑声惊醒。

木木：哈哈啊哈哈，我通关了！

小懒（睡眼惺忪）：你不是睡着了么？

木木（得意地）：我把笔记本藏被窝里了啊！你不知道吧，被我骗了吧，哈哈啊哈！

小懒：……

发现小群仔很喜欢看电视。

但是一般来说，很少叫他看，怕影响视力。

偏偏他非常喜欢，只要电视开着，就目不转睛。抱他离开，会嗷嗷叫表示不满。

——再叫也不能惯着！

奇怪，抱他到客厅书柜前，就安静。

这么小就喜欢看书，真有前途！

一周后，小懒知道了真相：

小懒家书柜玻璃反光，在书柜前可以非常清楚地观看电视节目……

小懒：太狡猾了吧。是不是跟爸爸学的呀？

木木：是啊，小群仔，你妈那么笨，别学她。

小懒：……

你连这个都做不好

小懒带着小群仔回家乡。

小懒的爸爸几次看小懒，欲言又止。

接下来，小懒发现，每当小懒有什么事情做不好的时候，小懒的爸爸就喜欢上纲上线，最喜欢说的句式是“你连这个都做不好，你还写书呢”……

比如：

择菜的时候，有烂叶没挑出来，小懒的爸爸就会说：

“哼，你连择菜都择不好，你还写书呢。”

在院子里种菜，撒种子的时候没有均匀撒，放得少了些，小懒的爸爸就会说：

“哼，你连撒种子都不会，你还写书呢。”

看电视的时候，小懒的爸爸随口问了一个国际形势问题，小懒回答不出，小懒的爸爸就会说：

“哼，你连当前最新国际形势都不懂，你还写书呢。”

……

如此反复再三，直到有一天，给小群仔洗澡放水的时候，水放得有些热，小懒的爸爸说：

“哼，你连洗澡水都放不好，你还写书呢……”

也许是童年阴影，觉得自己接受的一直是自卑式教育，一直以来，小懒都非常自卑。好不容易工作了，随着阅历和年龄的增长，逐渐从自卑的阴影走出来，但眼下，爸爸的每次“你连这都不会”让小懒瞬间又跌入深渊。

更或者，这只是借口。

因为隔天小懒就要回北京，至少有一段时间不能和爸爸相处，包括这次在老家过年，是自大学毕业没有寒暑假之后，几年来小懒和爸爸妈妈相处最长的一段时光。

那种离别带来的伤害和不舍，被刺激到顶点，想要点燃一个导火索，小懒终于爆发——

“写书的又不是神仙，又不是非得全才，什么都得会。我不会放洗澡水，不会种菜，不会择菜，不懂国际形势，跟我写不写书有什么关系啊，你干吗每次都这么刺激我……”

越说越委屈，到后来，居然很丢脸地哭了。

小懒的爸爸被吓到了。显然，他只是想跟小懒开个玩笑，或者这是他与自己女儿一贯的交流方式。他看着小懒流泪，默默地坐在凳子上。

好一会儿，他决定作出补救和安慰，他严肃地想了想，说：

“可是，你这也不会，那也不会，因为你的出生我还被降了一级工资，我也并没有因此嫌弃你是我女儿啊。”

小懒哭得更厉害了。

小懒的爸爸想了想，说：

“虽然你这也不会，那也不会，哭的时候还难看死了，我依然没有因此嫌弃你是我女儿啊。”

“虽然你这也不会，那也不会，上学的时候物理化学还经常不及格，我依然没有因此嫌弃你是我女儿啊。”

“虽然你这也不会，那也不会，写《全世爱》我出场的戏份最少，我依然没有因此嫌弃你是我女儿啊。”

……

原来重点是这个！

小懒（鼻涕兮兮）：我写《全世爱Ⅲ·家有虎崽》的时候，会增加您的戏份的。

小懒的爸爸：哎，我家姑娘，这个也会，那个也会，真是个全才啊！

小懒：……

两人吵架，你站在哪一边

两个朋友A和B突然吵架，不可开交。

小懒同另外一个朋友C聊天。

小懒：你向着谁，站在谁的那边？

C：谁对我好，我站在谁的那边。

小懒：……

下次你还敢不敢了

木木有个大学同学叫小洪，在得知小懒写了《全世爱》之后，看到木木的好多同学在里面都扮演了一定的角色，非常羡慕。于是给木木打来电话，强烈要求出镜。

小洪：跟你老婆说说，写写我呗，我的故事说也说不完啊，保证能给你提供无数素材。

木木：行啊，我问下。哦，我想起来了（开始胡诌），小懒正在写一部穿越小说，里面有个太监，一直没想好名字。不然，就叫洪公公吧。

小洪：不要这么玩我了，我说认真的呢。

木木：我也没开玩笑啊，这个角色很厉害的，他有同性恋倾向，跟皇上还有一腿呢。

小洪：……

小懒：哎，木木，这样不好吧，这可是你同学啊，别这么耍弄人家。

木木：切，他惹到我了你不知道吗？他做了一件特别对不起我的事。这次，我绝对不饶恕他。

小懒：如果是这样，其实……其实我还真的有一个角色比较适合他，但绝对不是太监的角色。

小洪：啊，还是小懒好，是吧是吧，改天我去你们家啊，给你们讲述我的故事啊！

木木：哦，（继续胡诌）她还差一个妃子的角色没想好。这个妃子啊，被打入冷宫！

小洪：……

木木：后来啊，她和那个太监有一腿的！

小洪（我和你拼了）：……

木木：洪公公，我上周叫你去踢球，谁让你在家里睡懒觉的，下次，你还敢不敢了？

小懒&小洪：……

群仔，哥呀么哥

木木是个慢性子。

在家里，叫他做什么事情，喜欢拖拖拉拉。

问他什么话，不重复个三四遍，他是不会理你的。

比如天冷，叫他穿件衣服，他就一直不吭气，等到你重复几遍，冲他咆哮，才肯就范。

比如叫他吃饭，他一直玩游戏，斜靠在沙发上，任你反复叫，跟没听见一样。

头疼。

小懒：木木，你还不如群仔乖呢。现在我让群仔做什么，他都能慢慢理解，我给他把尿，他也懂了，都好几天没尿裤子了。

木木（玩游戏）：……

小懒：好了，过来吃饭吧。

木木（玩游戏）：……

小懒（生气）：木木，我说你呢，你TMD过来跟我吃饭！

小懒的妈妈：小懒，别这样，女人对男人要温柔。

小懒：我跟他温柔得起来吗，我好好跟他说话，他理我吗？

小懒的妈妈：那也有话好好说啊。

小懒：算了，我啊，就当养了俩儿子，木木是大儿子，小群仔是小儿子。

小懒的妈妈（使眼色）：胡说八道，哪有说这个的。父子关系父子关系，哪能乱说？再说了，木木听到该生气了。

木木（抬起头）：就是啊，我会生气的。

小懒：你生什么气？你还有理由生气啊？

木木：我怎么就不能生气了？我告诉你，我才不是老大，小群仔是老大，他是我哥才对！（转过头对着小群仔）是吧，哥，你以后要罩着弟弟我啊。

小懒&小懒的妈妈：……

你太卑鄙了

小群仔感冒了。

鼻涕流个不停，打喷嚏，眼泪汪汪。去医院看过，医生说无大碍，开了一些药，叮嘱按时服药即可。

那些药，有感冒冲剂，有糖浆，有消炎药，基本上是微苦带甜，但毕竟是药，味道很浓郁，小群仔非常不喜欢。给他喂药的时候，小家伙紧闭着嘴巴，任凭爸爸妈妈连哄带骗，一口都不吃。

小懒用勺子撬开他的嘴巴，把药扔进去时，小家伙又吐出来，边吐边委屈地哇哇大哭。

让人心疼极了。

木木在旁边看得也跟着泪眼婆娑。

趁着小群仔咧开嘴巴委屈哭泣的时候，小懒当机立断抓住时机把一勺勺药扔进去……小群仔没有料到小懒会在这个时候灌药，哭得更伤心了，结果，所有的药，就这样，全部灌进去了。

木木：妈妈太卑鄙了！小群仔，太卑鄙了。我没想到她是这样一个人，爸爸太失望了，太难过了

小懒：……搞什么?

木木：小群仔，你要记住哦，干这些坏事的，是妈妈。爸爸可是好人，从来不强迫你，爸爸充分尊重你的意愿，哪怕在你很小的时候，也是这样的哦。你要恨，要怪，就全冲着妈妈去吧。爸爸会在后面支持你的。

小懒：……

猜拳也是技术活

同木木猜拳，三打两胜，谁输谁就接下哄小群仔睡觉的艰巨任务。

第一次，小懒赢了——木木出石头，小懒出的布。

第二次，小懒又赢了——木木出的又是石头，小懒出的又是布。

木木（沮丧地）：你怎么知道我会继续出石头?

小懒（仰天长笑）：哈哈，难道你不知道么，每次划拳，其实都是分析对手心理变化、习惯癖好的押宝活动啊。

木木：怎么说?

小懒：你有个习惯，每次跟人猜拳，第一次都喜欢出石头。

木木：就算你蒙对了，你怎么知道我第二次还会出石头呢?

小懒：肯定的啊，你这个人啊，咱俩在一起这么多年了，你哪次不是从哪里跌倒就从哪里爬起？所以肯定还是继续出石头嘛。

木木（气急败坏）：我讨厌你，不过是猜拳嘛，你居然这么算计我！

小懒：去哄群仔睡觉吧，我看好你呦，相信你很快可以把兴奋的小群仔哄着的。

木木（悲愤地）：……

发愁~

木木团购了牛肉干。

小懒表示非常紧张。

——因为木木上次团购的内蒙古的手撕牛肉干实在太好吃了，后来再买就没有了。

小懒担心这次没有上次好吃，因此而紧张。

木木：你是不是太闲了？要不然，你去做点有意义的事情？比如拖个地啊、擦个桌子什么的。

小懒（紧张地）：不行，不行，我很忙，我都快急死了。我要去银行买电，还要去拔个罐，我还要完成《读者》原创版的专栏。今天还有两家杂志向我约稿，我都不知道要不要接……我还要去理个发……我还要写《全世爱Ⅲ·家有虎崽》……今天都不知道能做几件……

木木：那你现在在干什么？

小懒：什么都没干。

木木：怎么什么都没干，你不是说很急，怕干不完吗？

小懒：是啊，是很急啊。

木木：急，你还不赶紧行动？做完一件是一件啊。都半天了，看你尽上网了，闲得没事人一样。

小懒：哪有，你不懂，我虽然看上去很闲，实则内心一片慌乱。

木木：哦？

小懒：我在发愁，到底先做哪一个……

碰到老外好紧张

小群仔一直习惯性便秘。在网上查询后，发现协和医院的国际医疗部有位医生，对于治疗小儿便秘非常擅长，于是小懒带上小群仔和小懒的妈妈就直奔医院而去了。到了医院，看完医生，小懒去拿药，小懒的妈妈抱着小群仔在走廊里等。

回来时看到一国际友人，非常非常漂亮的美女一枚，笑眯眯地摸着小群仔的脚，不停地重复“how cute”之类的……

小懒好紧张。

怎么办，怎么办……英语一直不太好的小懒每向前多走一步，就紧张焦虑到不行……万一人家对小懒说英语，小懒听不懂，又答不出，岂不是给中国人丢脸了？更何况，小懒的妈妈还在那里啊，如果让妈妈见识到学了那么多年英语的小懒，连最基本的对话都没法和老外交流，岂不是岂不是……很难为情？

小懒这样想着已经走到了小群仔的位置，见女老外盯着自己看，小懒的脸红了。

接着，小懒听到这个美丽的女老外，说了一句英文。

那一刻，小懒幸福得快要飞起来！因为小懒居然听懂了，不但听懂了，还能回答出来。

晚上回到家，小懒兴奋地把事情讲给木木听，并要求木木猜测那个老外问了小懒什么话。

木木：How do you do?

小懒：……不是了。

木木：What is your name?

小懒：老外哪里会闲着没事问我这个？

木木（拍手）：哦，我知道了，Where are you come from?

小懒（黑线）：不是……再猜。

木木： Is this your son?

小懒：呃，算了，还是我告诉你吧。她问我，How old is the baby？我心想，这难不倒我，Nine months。

木木：呃……

小懒（兴奋地抓住木木的手）：她还不停地夸小群仔可爱。你说，这是不是说明，群仔的帅气已经通过国际验证了呢？

木木：……

小懒：不过，话说回来，我一想到我能用英语跟老外对话，就觉得，自己还真是挺厉害呢。她又不会说中文，碰到我这样一个会说英文的人，一定很开心吧。

木木：受不了你了，太自恋了……

小懒的妈妈（打断）：其实也没有。你来之前，那个老外，一直跟我用中文讲话啊。

小懒（吃惊地）：啊，为什么我一过去，她马上就换英语和我讲话啊？

小懒的妈妈（得意地）：是我拜托她的啊，我说我很想知道我女儿英语说得怎么样，麻烦您，一会儿我女儿过来时，您跟她讲英语……

木木：敢情您是在找老外，测验小懒的英语水平啊……

小懒：……

我有钱了~~~❤❤❤

小懒的一位在腾讯工作的朋友送了小懒200Q币，看着系统通知，自己的余额已经到了200。

小懒突然有种“我有钱啦有钱啦，我都不知道怎么去花……”的感觉。

——原来，暴发户，是这个样子的啊。

木木有未卜先知的能力❤❤❤

小懒在2009年出版的《全世爱Ⅱ·丝婚四年》中曾经写到过，木木的普通话，一直不标准，常常把“两个人有没有缘分”说成“盐分”。

——“两个人能否在一起，要看是不是有盐。很多人明明可以相爱可以生活得很好，但是因为没有盐，最终擦肩而过了。”

每当他这么说的时候，就遭到好多人的取笑！

但是！！！

冥冥之中，发生的一件事，居然给木木翻身了：

2011年3月，日本地震引发的核泄漏危机，国人听信食盐可以预防辐射的谣传，引发全国各地疯狂抢盐，还产生了大量关于“抢盐”的笑话（对不起，实在查不到原作者是谁，所以，没有标明出处），诸如：

相顾无盐，唯有泪千行。

市政公用局正告市民：道路融雪用盐为工业用盐，含有多种有害元素，请立即停止舔马路的行为。

【如何使用碘盐防辐射】碘盐500克，脱衣，用刀在身上每隔2～5cm斜着划一刀，将盐均匀抹在身体表面，特别要注意腋窝和大腿内侧。接着将自己悬挂在通风、干燥的地方，七日后即可达到辐射不侵的地步。小贴士：如能加香叶、胡椒、八角若干，防辐射效果更佳。

妹子，我有盐，求交往；我有盐，求妹子；我有妹子，求盐。

现在最浪漫的事情是，情侣们能买到一袋儿盐，含情脉脉地送给对方……

尤其是下面这个段子：

女：有房吗？ 男：没有。 女：有车吗？ 男：没有。 女：有存款吗？男：没有。 女：那还来相亲！ 男：但是我有盐！ 女：老公！！！

木木：你看吧，我在2009年就说过的，两个人之间，不能没有盐。（得意地笑）原来，我有未卜先知的能力！！

小懒：……

木木：对啦，前一阵看到一本书，约·谢菲尔德说过一句话，爱情是生命的盐。现在你知道了吧，两个人在一起，真的不能没有盐！

小懒：……

拍拍木木的头

小懒在客厅看电视。

突然看到木木从卧室里走出来，坐到沙发上。

小懒想了想，拍拍木木的头。

木木对小懒偶尔的神经质行为，早就见怪不怪，安安静静跟什么也没发生一样，打开电脑玩游戏。

小懒（语气沮丧地）：木木，你不爱我了吧？

木木：……

小懒：我早就知道，你不爱我了。可是，你为什么都不愿意掩饰掩饰呢？

木木：你发什么神经，从何说起啊？一大早的，我连牙都没刷，别扯了。乖，看电视。

小懒：你不用狡辩了，也不用逃避话题了。我告诉你，我都知道了。

木木：你都知道什么？

小懒：我就是知道，你不爱我了。

木木（好脾气被耗光）：……滚！

小懒：你看吧，果然对我没有耐心吧。

木木：这都是被你逼的。

小懒：这样吧，为了让你彻底明白，我先给你讲个故事。

木木：故事，讲什么故事？

小懒：别插嘴，听我讲。我上中学的时候啊，我家养了只苏联红牧羊犬，非常大的一只，蹦起来几乎比人高，甚至可以驮着人跑的一只狼狗。我对它特别热情，又搂又抱，可它对我很冷漠，爱搭不理的。

木木（漫不经心地）：哦，接着呢？

小懒：然后，嗯，我爸则很少搭理它，每天上班回来后，看到它淘气，多半会训斥，因为它经常淘气地把花刨了，对着轮胎撒尿……

木木：后来呢？

小懒：有次我爸心血来潮，温柔地拍拍它的头，结果它兴奋至极，围着院子疯跑，转了十多圈……

木木：所以呢？

小懒：所以，我们类推下，其实想要验证一个人是否爱你，拍拍他的头，看他能够跑多少圈，跑的圈数越多，证明爱得越深啊。

木木：……

小懒：我刚才拍你的头，你根本一点反应都没有。

木木（发火）：我又不是狗，你拿我跟狗作什么比较！

小懒：狗都能如此，何况是人？（继续拍木木的头，挑衅地看着木木）你，爱我吗？

木木（一个弹跳，拍小懒的头）：你爱我吗？

小懒（用力拍木木的头）：你爱我吗？

木木（用力拍小懒的头）：你爱我吗？

小懒（用力拍木木的头）：你爱我吗？

……

十分钟后。

小懒：木木，我头好晕啊……

木木：我也是……

小懒的妈妈（抱着小群仔，表情诧异地）：你们两个在做什么？

小群仔（我也好想知道）：……

夫妻吵架之必杀技

同木木去超市买东西，二人分头行动。
小懒进了超市非常兴奋，看到什么都想买。
超市里但凡经过的地方，基本上都被小懒下手了。
很快，购物车就堆得跟小山一般高。
小懒意犹未尽之际，
又取了一辆最大的购物车……
你这是在做什么？
买东西呀！
你都买了一堆什么用不着的？你以前经常买很多东西，都不吃，放坏了就扔。
而且这么多东西，会把车搞坏的。
不行，
这个不能买，
根本用不着啊，你就是图新鲜啊，
放回去！
你给我住手！
你给我放到购物车里去，你个神经病！
你才是神经病，
你有毛病，
你有毛病，你乱花钱不算，你还打算搞坏我的车，你浪费资源，
你最喜欢搞破坏，你就是见不得我快乐……
……

夫妻吵架之必杀技

今天都花了多少钱了，嗯？
有多少东西根本用不着？ &*()(*(……
%……&* 你怎么能这样叫我伤心呢 &*()……&# ¥#@
你太叫我失望，
我简直难以想象，你还是当初那个我认识的你吗？
不行，
必须出绝招了！不能再这么丢脸了，
再让木木继续下去，都能上报纸的社会新闻版了。
好了，别吵了。
你不就是因为跟我谈恋爱六年，每年都跟我求婚，
我却迟迟不答应你，不给你名分，
才导致你在这里借题发挥吗？
你说什么？
我想好了，
你别因为这个老找碴了，
今天下去咱们就去民政局，把婚结了，
把名分给你，省得你天天跟我闹！
什么……
好了，别闹了，回家吧。
准备下户口本，我答应娶你。你现在回家问你妈妈，要多少彩礼钱？
无所谓啦，多少我都会给的。
……

后记

这种享受和喜欢，是互相的

1.

写完了吗写完了吗写完了吗……

我真的写完了吗?

——是的，女士，您真的写完了。

写完《全世爱III·家有虎崽》后，吃饭的时候，看电视的时候，上网的时候，同木木聊天的时候，抱着小群仔做游戏的时候……我经常这样自问自答。

甚至在写这篇后记的时候，我都有些恍恍惚惚，不断质疑自己终于完稿的真实性。

捂脸……

无聊? 写稿过于痛苦所以借此发泄?

不是的。

实在是因为，做了妈妈之后，时间，都是零碎的，由不得人。

经常是打开电脑，刚有一点构思，就被小群仔扰乱了，小小婴儿要吃东西，要玩闹，拉便便了，尿裤子了，或是他突然冲着我微笑了……他的一言一行一举一动随时随地牵扯着我的心，虽然也常常抱怨，恨不得把时间用线穿起来，以保证使用的连贯性。

——但偷偷涌上来的内心的小喜悦和小满足，是只有做了母亲的人，才会感知和理解的吧。

2.

这篇后记，拖了半个多月才开始写。对我来说，是很少有的事情。或许是觉得很多话，在内文中已经写过了，于是写到后记突然无话可说。不过，更多时候，也会想，从第一部到第三部，也有几年的时间，《全世爱》过于生活化的文字，展现的也是绝大多数普通人所拥有的家庭琐事，让我和木木，以及我们组成的家庭，稀里糊涂又顺其自然地，犹如一张透明的纸，在大家的眼前摊开。所以，读者应该是懂我的吧，懂得我的文字和表达，不需要我再写一篇后记，作更多的解释或说明。

可是又会纠结地觉得，如果没有后记，就像小说没有结尾，内心会有遗憾。

尤其，2010年至2011年，对我来说，是至为关键的一年，仿若推开了人生的另外一扇门。

那些我曾失去的收获的遗憾的压抑的痛苦的沉默以对的愉悦的美好的……那些我所默默承受的……那些让我终生铭记的……

所以，就让我再多说两句吧~~~

不要嫌烦啦。

3.

同木木去看李健的演唱会。

其实在此之前，我从未到过现场看过任何人的演唱会。喜欢的歌手有很多，也以自己的方式默默支持着，但并没有足够大的热情和冲动，去万人聚集的现场。在频频换装的装扮得异常耀眼或妖艳的歌手面前，挥舞着荧光棒，同所有人一样，万分投入而赤诚地表达着自己的爱。

而李健的演唱会不是这样的。

简单的白衬衫、西装裤，带着干净清爽的笑，李健抱着吉他，站在舞台上，淡然却又亲切地同台下的歌迷互动。有女生为他献上蓝丝带，保安见状，急匆匆上去拦截，李健摆手示意保安不必这样，“这个小姑娘没有危险的。我确认。”

几首歌曲下来，台下有人大声喊：“健哥，喝口水吧。”李健回答：“你不说，我倒忘记了。”于是俯身拾起不锈钢杯，喝了几口水，继续唱。有粉丝送花送苹果礼物，他说，拿出十分钟，现在是收礼时间。粉丝高喊：“我爱你，我喜欢你。”他说，现在是接受赞美的时间……唱完最后一曲，李健说：“本来是结束了，然后我们这时候应该谢幕，你们会要求返场，于是我们再出来……我们就绕过这个环节，直接返场直接唱了。”

台下是会心默契的笑。

没有不断挥舞的荧光棒，没有尖叫到失声的歌迷，更没有绚烂出位的装扮，秩序井然，让我忍不住闭上眼倾听他的歌声，却又想抬头看头顶上方的电子屏幕，担心错过那么触动人心的歌词。

不得不承认，这是很舒服的享受，是我真正想要静下心来听的演唱会。

有歌迷感谢李健唱出那么多好听的歌曲，李健回答：“一首好听的歌曲，被接触它的人所接受、感知和喜欢，那么，它便属于这个人。你们觉得听我的歌曲，是享受，那么之于我，同样是享受，这种享受和喜欢，是互相的。”

那一刻，我被深深触动。

——这种享受和喜欢，是互相的。

因为《全世爱》非常特殊的题材和内容，有着很极端分化的读者，喜欢的格外喜欢，会买来很多本送给朋友；但厌恶的又非常讨厌，不惜花费大量时间和精力到我的微博或博客留言辱骂……能够持之以恒地写这样一部以家庭琐事为主的稿子，是很需要勇气的（何况还出了三部，捂脸）。而能够做到宠辱不惊，确是一件难事，我本身就是个非常情绪化的人，常常因为那些激烈的言辞沮丧一整天。

有时候，如果不是很忙，我会在新浪微博里和大家进行互动，或感谢或解释或分享，也有看到在我回复后，有读者留言说“没想到你会回复我”……

其实，一直想说，谢谢你们一直喜欢《全世爱》，一直支持我，能够被你们以这样的方式喜欢和爱护着，这，亦是我的享受和荣幸。

从2008年出版《全世爱》第一部，到现在第三部，已经有四年的时间。四年的时间里，我经历了很多的事情，我们彼此各有各的变化、收获和成长。

那些没有抛弃我的读者们。

那些选择继续阅读我的文字的你们。

眼下所有正在看这本书的你们。

……

我想要说——

你们看这本书时感受的欣赏、喜欢、享受、愉悦，对我来说，也是互相的。

4.

美国歌手詹妮弗·洛佩兹曾经说过这样一段话："结婚生子对我来说就如同一个童话般的梦想。一个女人在她人生适当的时候选择孕育自己的宝宝，这是我能想到的最美好的事情。"

我非常珍惜和享受现在的生活。

这是我所能想到和做到的，最美好的事情。

5.

还会出版第四部第五部第六部第七部……吗？

等你有了孙子后，也要坚持写下去啊（拜托，那时候小懒奶奶已经老态龙钟了吧，谁会看一糟老太太的文字啊）。

……

Orz。

每每看到这样的留言，我就很纠结。

还会不会有第四部第五部……目前我也没想清楚。

虽然固执地认为小孩子学会讲话，能和爸爸妈妈互动后，才是最好玩的阶段，因为小孩子的语言不受成人的限制和拘束，充满童趣，干净又有着独特的视觉和思维。等到小群仔会讲话，那时的《全世爱》肯定会更温馨更有感觉更轻松更搞笑吧。

可是，如果这一部上市后，没人买怎么办？（图书出版前焦虑症又复发了……）

没准儿，已经有很多人看到烦，再也不想要看下去了呢？

没准儿，已经被人烦到不想再看，干脆要求作者封笔呢……

……

如果是那样，那……

那还是会写下去的吧。

实在不行！

——我把文字打印出来，封在抽屉里，偶尔拿出来，给木木或者长大后的小群仔看。

当然不敢奢望有谁，会如同木木和小群仔一样，是我永远的读者。毕竟，不同的年龄有着不同的阅读需求。很有可能你去年喜欢的一本书，今天打开，突然觉得一点爱都没有了。

不过，至少我们曾一路陪伴，哪怕不能再并肩前行，至少会记得，曾经我们的嘴角因为同样一本书，而有着同样一丝会心的微笑吧。

6.

接下来，是感谢时间~~~~

感谢妈妈，帮我带小群仔，让我安心写稿。

感谢每位正在看这段文字的你们。

感谢四年以来，一直陪伴我的你们。

感谢后援会、官网和贴吧的同学们。

感谢漫画家雪翎熬夜为我绘制的插图。

感谢磨铁沈浩波先生为出版这本书所做的种种，感谢辛勤的小蜜蜂舒以。感谢出版社所有的工作人员。

感谢陈楚生为这本书作序。同为海南人的木木，包括海南人的媳妇我，都十分喜欢你，喜欢你的歌（快男时号召过很多朋友帮你投票哦~~~~~）。

感谢赖宝同学。

感谢亲爱的摩卡君、小白、默默、牙刷、《苏·流年、懒虫、小馨、瞳。感谢温暖妹、莫宇420……

如果还忘记了谁，又没能点到名字，请原谅，非常抱歉，咳咳，在此一并感谢了。

——谢谢你们，陪我一路走来。

——感谢木木和小群仔。

——谢谢你们，给了我想要的生活。

下次再见，应该是我的首部随笔小说集——《若你转身牵我的手》，或许会在暑期？或者下半年，反正是2011年啦！

到时再见啰。

《流经存在的邂逅》（已上市）

苏小懒　作品
浙江文艺出版社

if I can meet you again

后来，我逐渐懂得，其实，当你喜欢一个人，就赋予了他伤害你的权利。

于千万人之中邂逅的初恋，若坚信执子之手与子偕老，有谁真的懂得如何去守候?

总会有那么一个人，让我们想要用尽毕生的勇气和情感，把爱和时光通通看透。

请把这本书，送给你喜欢的人。

爱情是世界上最没道理的东西，它不是天道酬勤，不是你通过辛勤的努力和付出就能得到百分之百的回报；它不是数学题，只要演算方式无误就一定能找到正确的方向和出口，求到正解；它需要两个人彼此情投意合，共同努力才能持续下去——却又因为任何一方单方面的放弃，就脆弱地瘫痪到底。

没人能说得清它是什么。

可是，你知道的。

它在那里，它就在那里。